学好基础
管理类联考逻辑

MBA MPA MEM MPAcc

高顿在职研学术研究院　编著

北京理工大学出版社
BEIJING INSTITUTE OF TECHNOLOGY PRESS

图书在版编目（CIP）数据

管理类联考逻辑/高顿在职研学术研究院编著.
北京：北京理工大学出版社，2025.1. --（学好基础）.
ISBN 978 - 7 - 5763 - 4137 - 9

Ⅰ. B81

中国国家版本馆 CIP 数据核字第 2024QY3368 号

责任编辑： 王梦春		**文案编辑：** 杜　枝	
责任校对： 周瑞红		**责任印制：** 边心超	

出版发行 / 北京理工大学出版社有限责任公司
社　　址 / 北京市丰台区四合庄路 6 号
邮　　编 / 100070
电　　话 / (010) 68944451（大众售后服务热线）
　　　　　　(010) 68912824（大众售后服务热线）
网　　址 / http://www.bitpress.com.cn

版 印 次 / 2025 年 1 月第 1 版第 1 次印刷
印　　刷 / 上海普顺印刷包装有限公司
开　　本 / 787 mm × 1092 mm　1/16
印　　张 / 12.25
字　　数 / 344 千字
定　　价 / 52.80 元

前　言

　　本书是高顿在职研专为管理类专业硕士学位199综合能力考试编著的逻辑辅导读物。参加经济类联考的考生也可参考本书。

　　本书分为三大模块。模块一主要介绍联考中有关形式逻辑类目的题型；模块二主要带领考生熟悉综合推理类目的题型；模块三主要介绍联考中论证推理类目的题型。作为躬耕在管理类联考培训行业多年的一线教师，笔者结合自身教学实践，通过"深入浅出"的教育理念与"以点带面"的教育方法论，尽可能凭借少量的范例及一针见血的解析，让考生快速掌握知识点，答题无忧。希望本书能够帮助所有想要参加管理类专业硕士学位199综合能力考试的考生快速窥探出逻辑科目高分的门径，进而实现自己的理想。

　　本书完全针对联考考生的实际情况，"多讲实例，少谈理论"，以期读者能做到触类旁通、举一反三，只有做到"知彼知己"，才能更快更好地理解、掌握联考逻辑的特点及备考要点。根据对考生基础的了解及在职类考生的阅读习惯，本书在编排上十分注意整散结合：整体上，全书注重系统性和体系性；细节上，每一章节都经过了笔者的精心雕琢，保持着较强的独立性。考生可以根据自己的情况或阅读兴趣进行"碎片化"阅读，随便挑上一两页或一节阅读，都会有所收获。

　　在此，我们谨向本书的主要作者刘琳老师致以最崇高的敬意与诚挚的感谢。刘老师凭借多年在管理类联考培训领域的深耕细作，精心规划三大模块，以深入浅出的理念、以点带面的方法助力考生备考。对考生情况的充分考量，对内容编排的深度优化，使本书成为极具价值的备考宝典，为考生成功上岸筑牢根基。

扫一扫查看勘误内容　　　　　扫一扫进行错误反馈

目　录

扫码观看
全书精讲

01

模块一

形式逻辑

第一章　概念专题

考点考频分析

考点	频率	难度	知识点
概念的定义	中	☆	内涵与外延的理解
概念的种类	低	☆	集合概念与类概念 个体概念与群体概念
概念之间的关系	低	☆☆	概念之间的五种关系
概念的划分	低	☆☆	概念划分的三个规则

考点一　概念的定义

一、内涵与外延的理解

概念的定义：概念是反映思维对象的本质属性的思维形式。

1. 内涵

定义：内涵是概念所反映的事物本质属性。

例如，"亲情价"是近年的网络词语，是指一件东西不管多贵，在告诉父母时一律只报超低价。"保健产品九块八，鞋子包包九十八，全国旅游九百八，超过一千咱不花。"

2. 外延

定义：外延是概念的内涵所具有的那些属性的事物的范围。

例如，管理类联考包括管理类综合能力考试与英语考试两科。这是管理类联考的外延，也叫范围。

（　母题剖析　）

第一类：对数字/字母下定义

【例1】在某次思维训练课上，张老师提出"尚左数"这一概念的定义：在连续排列的一组数字中，如果一个数字左边的数字都比其大（或无数字），且其右边的数字都比其小（或无数字），则称这个数字为尚左数。

根据张老师的定义，在8, 9, 7, 6, 4, 5, 3, 2这列数字中，以下哪项包含了该列数字中所有的尚左数？

A. 4, 5, 7和9。　　　　　　　　B. 2, 3, 6和7。

C. 3, 6, 7和8。　　　　　　　　D. 5, 6, 7和8。

E. 2, 3, 6和8。

【答案】B

考点分析	概念的定义（☆）	
题干剖析	题干给出定义：在连续排列的一组数字中，如果一个数字左边的数字都比其大（或无数字），且其右边的数字都比其小（或无数字），则称这个数字为"尚左数"	
解题步骤	第一步：分析补充信息，代入题干中的定义，选出"尚左数"； 第二步：把"8,9,7,6,4,5,3,2"依次带入定义中，如"8"右边的有比其大的数字"9"，故排除；其中符合题干定义的数字有7,6,3,2； 第三步：观察选项特征，进行排选	
选项	解析	正误
A	数字"4"的右边有比其大的数"5"，显然不符合题意，排除	错误
B	数字"2"左边的数字都比其大，且右边无数字，故入选。同理，数字"3""6"和"7"均符合，故入选	正确
C	数字"8"右边有比其大的数字"9"，显然不符合题意，排除	错误
D	数字"5"左边有比其小的数字"4"，显然不符合题意，排除	错误
E	数字"8"右边有比其大的数字"9"，显然不符合题意，排除	错误

 小贴士

注意题中定义的具体属性，若为数字定义，可先画出对应的数字模型，然后再一一对照。

第二类：对文字下定义

【例2】 概念A与概念B之间有交叉关系，当且仅当（1）存在对象x，x既属于A又属于B；（2）存在对象y，y属于A但不属于B；（3）存在对象z，z属于B但是不属于A。

根据上述定义，以下哪项中加下划线的两个概念之间有交叉关系？

A.国画按题材分主要有人物画、花鸟画、山水画等；按技法分主要有工笔画和写意画等。

B.《盗梦空间》除了是最佳影片的有力争夺者外，它在技术类奖项的争夺中也将有所斩获。

C.洛邑小学30岁的食堂总经理为了改善伙食，在食堂放了几个意见本，征求学生们的意见。

D.在微波炉清洁剂中加入漂白剂就会释放出氯气。

E.高校教师包括教授、副教授、讲师和助教等。

【答案】A

考点分析	概念的定义（☆）	
题干剖析	题干给出定义：概念A与概念B之间有交叉关系，当且仅当（1）存在对象x，x既属于A又属于B；（2）存在对象y，y属于A但不属于B；（3）存在对象z，z属于B但是不属于A。即A和B这两个概念，"你中有我，我中有你"	
解题步骤	第一步：阅读题干信息"概念交叉"的定义，找到"你中有我，我中有你"的选项； 第二步：观察选项特征，选择符合"交叉"概念的词语进行排选	
选项	解析	正误
A	有的画既是人物画，也是工笔画；有的画既是工笔画，也是人物画。"人物画"与"工笔画"之间是交叉关系	正确
B	《盗梦空间》与"最佳影片"有可能有交叉，也可能没有交叉，故排除	错误
C	"食堂总经理"和"学生们"不是交叉关系，故排除	错误

续表

选项	解析	正误
D	"漂白剂"与"氯气"之间没有交叉，属于全异关系，故排除	错误
E	"高校教师"与"教授"之间是包含关系，不属于交叉关系，故排除	错误

 小贴士

定义类题目难度不大，但是做题时需要仔细认真，特别要注意文字定义，小心文字陷阱哦！

 知识小结

（1）概念的定义：反映思维对象的本质属性的思维形式。
（2）出题形式：对数字/字母下定义；对文字下定义。

考点二　概念的种类

一、集合概念与类概念

1. 集合概念
集合概念是以事物的集合体为反映对象的概念。集合体是由许多个体构成的统一的不可分割的整体。**集合体所具有的属性，其组成部分的个体未必具有。**
例如，身体：包括四肢、躯干、头颅等。

2. 类概念（非集合概念）
类概念是一类事物的概念。**类具有的属性，其分子必然具有。**
例如，学生：包括"学渣""学酥""学霸"与"学神"等。

 注意

同一个概念，可能既是集合概念也是类概念。
树：包括树干、树根与树叶（集合概念）。
树：包括柳树、桃树与梧桐树（类概念）。

二、个体概念与群体概念

1. 个体概念
个体概念是单独反映一个事物的概念，它的外延只有一个对象。
例如，中国、天安门。

2. 群体概念
群体概念反映两个及以上个事物，它的外延有多个对象。

例如，人民、国家。

> **母题剖析**

第一类：指出概念错误

【例3】公达律师事务所以为刑事案件的被告进行有效辩护而著称，成功率达90％以上。老余是一位以专门为离婚案件的当事人成功辩护而著称的律师。因此，老余不可能是公达律师事务所的成员。

以下哪项最为确切地指出了上述论证的漏洞？

A. 公达律师事务所具有的特征，其成员不一定具有。

B. 没有确切指出老余为离婚案件的当事人辩护的成功率。

C. 没有确切指出老余为刑事案件的当事人辩护的成功率。

D. 没有提供公达律师事务所统计数据的来源。

E. 老余具有的特征，其所在工作单位不一定具有。

【答案】A

考点分析	概念的种类（☆）	
题干剖析	题干前提：（1）公达律师事务所以为刑事案件的辩护而著称； （2）老余是一位以专门为离婚案件的当事人成功辩护而著称的律师。 结论：老余不可能是公达律师事务所的成员。 其论证的隐含假设是：认为公达律师事务所具有的特征其成员都具有，但是很显然这个假设是存在漏洞的，整体所具有的属性个体未必具有	
解题步骤	第一步：提问强调"以下哪项最为确切地指出了上述论证的漏洞"； 第二步：观察选项特征，查找目标选项进行排选	
选项	解析	正误
A	该选项指出了隐含假设的漏洞，整体具有的特征，个体未必具有	正确
B	题干不涉及成功率，整体的成功率也决定不了个体的成功率	错误
C	题干不涉及成功率，整体的成功率也决定不了个体的成功率	错误
D	与题干的论证漏洞无关	错误
E	题干的漏洞在于"公达律师事务所具有的特征其成员都具有"，该项与题干的论证漏洞不一致	错误

> **小贴士**

论证结构需要仔细辨别，同时还要明确题干的重点在于"漏洞"而不是"反驳"。

第二类：找概念相似

【例4】小李将自家护栏边的绿地毁坏，种上了黄瓜。小区物业人员发现后，提醒小李：护栏边的绿地是公共绿地，属于小区的所有人。物业为此下发了整改通知书，要求小李限期恢复绿地。小李对此辩称："我难道不是小区的人吗？护栏边的绿地既然属于小区的所有人，当然也属于我。因此，我有权在自己的土地上种瓜。"

以下哪项论证，和小李的错误最为相似？

A. 所有人都要为他的错误行为负责，小梁没有对他的错误行为负责，所以小梁的这次行为没有错误。

B. 所有参展的兰花在这次博览会上被定购一空，李阳花大价钱买了一盆花，由此可见，李阳买的必定是兰花。

C. 没有人能够一天读完大仲马的所有作品，没有人能够一天读完《三个火枪手》，因此，《三个火枪手》是大仲马的作品之一。

D. 所有莫尔碧骑士组成的军队在当时的欧洲是不可战胜的，翼雅王是莫尔碧骑士之一，所以翼雅王在当时的欧洲是不可战胜的。

E. 任何一个人都不可能掌握当今世界的所有知识，地心说不是当今世界的知识，因此，有些人可以掌握地心说。

【答案】D

考点分析	概念的种类（☆）	
题干剖析	题干论证过程：在"公共绿地属于小区所有人"中，"小区人"是集合概念；后提到的"我是小区的人"中的"小区人"是非集合概念。所犯的错误是混淆了二者	
解题步骤	第一步：需要寻找"和小李的错误最为相似"的，即集合概念与非集合概念混淆； 第二步：观察选项特征，进行排选	
选项	解析	正误
A	选项AB的问题在于"前提推不出结论"，不存在"非集合概念"与"集合概念"的混淆	错误
B		
C	该项的问题在于个体所具有的属性整体未必具有，整体所具有的属性个体未必具有，"大仲马的所有作品"代指整体，《三个火枪手》指代个体，不存在"非集合概念"与"集合概念"的混淆	错误
D	前一句的"莫尔碧骑士"是集合概念，后一句的"翼雅王"是非集合概念，所犯的错误是混淆了二者，和小李的错误类似	**正确**
E	不存在"非集合概念"与"集合概念"的混淆	错误

💡 **小贴士**

概念上的谬误是考试中常见的谬误类型。其中，集合概念与非集合概念的混淆更是常见的考点。考"相似"的题目，重点在于"相似"，不用去纠正错误哦！

知识小结

（1）集合概念：集合体所具有的属性，其组成部分的个体未必具有。

（2）类概念：类具有的属性，其分子必然具有。

（3）个体概念与群体概念的混淆是常见的考点。

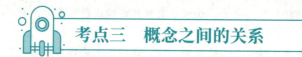

考点三　概念之间的关系

一、相容关系的含义

1. 全同关系

在全同关系中，两个或多个概念之间，外延完全相同。

例如，中国首都与北京。

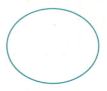

2. 种属关系

在种属关系中，一个概念的部分外延是另一个概念外延的全部。

例如，树木与苹果树。

3. 交叉关系

在交叉关系中，一个概念的部分外延只与另一个概念的部分外延重合。

例如，果树与开花的树。

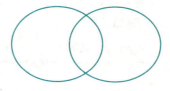

二、不相容关系之间的区别

1. 矛盾关系

在矛盾关系中，两个概念的外延互相排斥，而**两个概念外延之和＝属概念之和**（即两者加起来为该集合所有情况，但两者没有一样的情况）。

例如，黑色与非黑色。

2.反对关系

在反对关系中，概念的外延互相排斥，但它们的 **外延之和＜属概念之和**（即集合中可能存在不属于这些概念的情况，但这些概念中也没有一样的情况）。

例如，黑色与白色。

🔷 **母题剖析**

【例5】某次讨论会共有18名参会者。已知：

（1）至少有5名青年教师是女性。

（2）至少有6名女教师已过中年。

（3）至少有7名女青年是教师。

根据上述信息，关于参会人员可以得出以下哪项？

A. 有些青年教师不是女性。

B. 有些女青年不是教师。

C. 青年教师至少有11名。

D. 女教师至少有13名。

E. 女青年至多有11名。

【答案】D

考点分析	概念之间的关系（☆☆）
步骤详解	
第一步	整理题干信息：（1）青年女性教师≥5人；（2）中年女性教师≥6人；（3）青年女性教师≥7人。题干中的（1）（2）（3）之间有三个划分标准：年龄、性别、职业
第二步	本题考查概念之间的关系，观察各个条件之间的关系。在"女性"概念下，（1）和（3）之间是包含关系；（1）和（2）之间是反对关系；（2）和（3）之间是反对关系
第三步	条件（2）中的"中年"与条件（3）中的"青年"不相容，因此二者可以相加，推出女教师至少有13名，即选项D正确

💡 **小贴士**

概念之间的关系如果是不相容的，就可以直接通过相加计算得到确定信息。

【例6】参加某国际学术研讨会的60名学者中，亚裔学者31人，博士33人，非亚裔学者中无博士学位的4人。

根据上述陈述，参加此次国际研讨会的亚裔博士有几人？

A. 1人。   B. 2人。   C. 4人。

D. 7人。   E. 8人。

【答案】E

考点分析	概念之间的关系（☆☆）
步骤详解	
第一步	整理题干信息：（1）一共60人；（2）亚裔学者31人；（3）博士33人；（4）非亚裔学者中无博士学位的4人
第二步	本题考查概念之间的关系，观察各个条件之间的关系。如（2）的亚裔学者和"非亚裔学者"是矛盾关系，因此可以和（1）结合得到确定值
第三步	根据题干，非亚裔学者：60-31=29（人）；非亚裔学者中有博士学位的：29-4=25（人）；故亚裔博士：33-25=8（人）。因此，选项E正确

 小贴士

　　锁定好考点，解题更快速。当出现需要计算具体数值的情况时，可以考虑用矛盾关系的特点来计算。

知识小结

　　（1）全同关系：两个或多个概念之间，外延完全相同。
　　（2）种属关系：一个概念的部分外延是另一个概念外延的全部。
　　（3）交叉关系：一个概念的部分外延只与另一个概念的部分外延重合。
　　（4）矛盾关系：两个概念的外延互相排斥，而两个概念外延之和＝属概念之和。
　　（5）反对关系：概念的外延互相排斥，但它们的外延之和＜属概念之和。

考点四　概念的划分

一、原理解释

　　明确概念的外延，将一个概念划分成子类。
　　概念划分的三个规则：
　　规则一： 每次划分只能使用同一个标准。
　　规则二： 各子类的外延是不相容的（全异关系）。
　　规则三： 各子类的外延和与原概念的外延相同（全同关系）。

母题剖析

第一类：概念考查
【例7】我爱阅读外国文学作品，英国的，法国的，古典的，我都爱读。
上述陈述在逻辑上犯了哪项错误？
A. 划分外国文学作品的标准混乱，前者是按国家的，后者是按年代的。
B. 外国文学作品，没有分是诗歌小说还是戏剧。

C. 没有说最喜欢什么。

D. 没有说是外文原版还是翻译版。

E. 在"古典的"后面，没有紧接着指出"现代的"。

【答案】A

考点分析	概念的划分（☆☆）
步骤详解	
第一步	题目需要寻找"上述陈述在逻辑上犯了哪项错误"
第二步	分析题干，"英国的，法国的"是按照国别进行划分的，而"古典的"是按照时代进行划分的。不符合规则一，即每次划分只能使用同一个标准

第二类：简单计算

【例8】某市2018年的人口发展报告显示，该市常住人口为1 170万，其中常住外来人口440万，户籍人口730万。从区级人口分布情况来看，该市G区常住人口为240万，居各区之首；H区常住人口为200万，位居第二；同时，这两个区也是吸纳外来人口较多的区域，两个区常住外来人为200万，占全市常住外来人口的45%以上。

根据以上所述，可以得出以下哪项？

A. 该市G区的户籍人口比H区的常住外来人口多。

B. 该市H区的户籍人口比G区的常住外来人口多。

C. 该市H区的户籍人口比H区的常住外来人口多。

D. 该市G区的户籍人口比G区的常住外来人口多。

E. 该市其他各区的常住外来人口都没有G区或H区的多。

【答案】A

考点分析	概念的划分（☆☆）
步骤详解	
第一步	整理题干信息：（1）该市G区常住人口为240万；（2）H区常住人口为200万，位居第二；（3）两个区常住外来人口为200万
第二步	将题干条件转换为以下表格：

地区	常住外来人口	户籍人口	人数
G区	a	b	240
H区	c	d	—
人数	200	—	—

第三步	选项A中比较b与c的大小，此时借助共同项来计算，b+a=240＞c+a=200。因此去掉共同项后，b＞a。因此，选项A正确

 小贴士

在做概念和数字的计算题时，可以考虑借助表格。本题的一个难点是在多重信息中排除干扰信息，抓取重要信息。这是考试中非常重要的能力哦！

【例9】 在丈夫或妻子至少有一方是中国人的夫妻中，中国女性比中国男性多2万。如果上述断定为真，则以下哪项一定为真？

Ⅰ.恰有2万中国女性嫁给了外国人。

Ⅱ.在和中国人结婚的外国人中，男性多于女性。

Ⅲ.在和中国人结婚的人中，男性多于女性。

A.只有Ⅰ。　　　　　　　　　　　　B.只有Ⅱ。

C.只有Ⅲ。　　　　　　　　　　　　D.只有Ⅱ和Ⅲ。

E.Ⅰ、Ⅱ和Ⅲ。

【答案】D

考点分析	概念的划分（☆☆）

	步骤详解
第一步	划分对象：丈夫或妻子至少有一方是中国人的夫妻。 划分标准：（1）男、女。 （2）夫妻情况可以分为以下三种：①夫妻双方都是中国人；②夫妻中男性为中国人，女性为外国人；③夫妻中男性为外国人，女性为中国人

第二步
将题干条件转换为以下表格：

性别	1	2	3
男	中国A	中国B	外国C
女	中国A	外国B	中国C

第三步	已知信息为：中国女性（A+C）－中国男性（A+B）=2万，即C＞B
第四步	Ⅰ.嫁给外国人的中国女性为C，其数量并不一定等于2万，所以不一定为真； Ⅱ.比较的是"和中国人结婚的外国男性"与"和中国人结婚的外国女性"的数量大小，和中国人结婚的外国男性=C，和中国人结婚的外国女性=B，故一定为真； Ⅲ.比较的是"和中国人结婚的男性"与"和中国人结婚的女性"的数量大小，和中国人结婚的男性=A+C，和中国人结婚的女性=A+B，故一定为真。 因此，选项D正确

 小贴士

在做概念和数字的计算题时，可以考虑借助表格，利用表格的特点进行解题，这样可以比较清晰地观察各个数据之间的关系。

拓展测试

【拓展1】谋杀：指当一个人不但企图造成另一个人的死亡，而且也造成了这个人的实际上的死亡，或者是由于一个人的行为，明明知道自己正在做一件可能造成另外一个人被杀死的危险事情，仍然不顾别人的生命而造成他人的死亡。

根据以上定义，下面哪种行为是谋杀？

A. 于某与其妻子发生争吵，打了她一巴掌，为的是不让她再哭，不巧将她打倒，在她倒下时，头碰在地板上，后来由于头部受伤而死亡。

B. 一位老人得了一种绝症，不能忍受痛苦，请求护士给他服用致死剂量的安眠药，这个护士非常同情老人，就给了他，结果老人死亡。

C. 曾某以每小时25千米的速度在公路上驾车行驶，没留神，他失去了对汽车的控制，撞上另外一辆汽车并引起爆炸，结果同车赵某死亡。

D. 汤某，动物园管理员，正在动物园打扫老虎的笼子，打扫完后，他忘了锁门就离去，结果老虎从笼子里跑出来，咬死了一个游客。

E. 小明和小花相约周末去河边钓鱼，结果因为雨后路滑，小花失足掉进了河中，不幸离世。

【拓展2】　如今，人们经常讨论职工下岗的问题，但也常常弄不清楚下岗的定义。国家统计局（1997）261号统计报表的填表说明对下岗职工的说明是：下岗职工是指由于企业的生产和经营状况等原因，已经离开本人的生产和工作岗位，并已不在本单位从事其他工作，但是仍然与用人单位保留劳动关系的人员。

依据以上划分标准，以下哪项所描述的人员可以称为下岗职工？

A. 赵大大原来在汽车制造厂工作，半年前辞去工作，开了一个洗车修理铺。

B. 钱二萍原来是某咨询公司的办公室秘书。最近公司以经营困难为由，解除了他的工作合同，他只能在家做家务。

C. 张三枫原来在手表厂工作，因长期疾病无法工作，经批准提前办理了退休手续。

D. 李四喜原来在某服装厂工作，长期请病假。其实他身体并不坏，目前在家里开了个缝纫铺。

E. 王五伯原来在电视机厂工作，今年53岁。去年工厂因产品积压，人员富余，让50岁以上的人回家休息，等55岁的时候再办理正式退休手续。

【拓展3】　这所大学的学生学习了很多课程，小马是这所大学的学生，所以她学习了很多的课程。

以下哪项论证展示的推理错误与上述论证中的最相似？

A. 这所学校里的学生都学习数学这门功课，小马是这所学校的一名学生，所以他也学习数学这门课程。

B. 这本法律期刊的编辑们写了许多法律方面的文章，老李是其中的一名编辑，所以他也写过许多法律方面的文章。

C. 这所大学的大多数学生学习成绩很好，小贞是这所大学的一名学生，所以她的学习成绩很好。

D. 所有的旧汽车需要经常换零件，这部汽车是新的，所以不需要经常换零件。

E. 独立的大脑细胞是不能够进行思考的，所以整个大脑也不能够进行思考。

【拓展4】　世间万物中，人是第一个可宝贵的。我是人，所以，我是世间万物中第一个可宝贵的。

这个推理中的逻辑错误，与以下哪项中出现的最为类似？

A. 作案者都有作案动机，某甲有作案动机，所以某甲一定是作案者。

B. 各级干部都要遵守纪律，我不是干部，所以我不要遵守纪律。

C. 群众是真正的英雄，我是群众，所以，我是真正的英雄。

D. 人贵有自知之明，你没有自知之明，因此，你算不得是人。

E. 想当翻译就要学外语，我又不想当翻译，何必费力学外语。

【拓展5】某寝室目前知道有1个大连人，2个北方人，1个上海人，2个人只选修了艺术课，3个人选修了体育课，以上包含寝室所有情况。

问：这个寝室最多几人？最少几人？

A. 最多9人，最少5人。

B. 最多8人，最少3人。

C. 最多8人，最少5人。

D. 最多几人无法确定，最少3人。

E. 最多9人，最少几人无法确定。

【拓展6】在某校新当选的校学生会的七名委员中，有一个大连人，两个北方人，一个福州人，两个特长生（即有特殊专长的学生），三个贫困生（即有特殊经济困难的学生）。

如果上述介绍涉及了该学生会中的所有委员，则以下各项关于该学生会委员的断定都与题干不矛盾，除了

A. 两个特长生都是贫困生。

B. 贫困生不都是南方人。

C. 特长生都是南方人。

D. 大连人是特长生。

E. 福州人是贫困生。

【拓展7】很多成年人对于儿时熟悉的《唐诗三百首》中的许多名诗，常常仅记得几句名句，而不知诗作者或诗名。甲校中文系硕士生只有三个年级，每个年级人数相等。统计发现，一年级学生都能把该书中的名句与诗名及其作者对应起来；二年级2/3的学生能把该书中的名句与作者对应起来；三年级1/3的学生不能把该书中的名句与诗名对应起来。

根据上述信息，关于该校中文系硕士生，可以得出以下哪项？

A. 大部分硕士生将该书中的名句与诗名及其作者对应起来。

B. 1/3以上的硕士生不能将该书中的名句与诗名或作者对应起来。

C. 1/3以上的一、二年级学生不能把该书中的名句与作者对应起来。

D. 2/3以上的一、三年级学生能把该书中的名句与诗名对应起来。

E. 2/3以上的一、二年级学生不能把该书中的名句与诗名对应起来。

【拓展8】工厂新进一批实习工。这些实习工包括实习技工和实习非技工。根据统计，实习非技工是50名，实习技工是28名；男实习工一共30名，女实习工一共48名。

根据以上统计数据，以下哪项为真？

A. 实习男非技工比实习女非技工多。

B. 实习女非技工最少。

C. 实习女技工最多。

D. 实习男非技工比实习女技工多。

E. 实习男非技工比实习男技工少。

参考答案及解析

【拓展1】 B

【解析】 本题的考点在于定义的考查,题干中明确了"谋杀"的含义,选项B中的护士行为符合题干表述的"由于一个人的行为,明明知道自己正在做一件可能造成另外一个人被杀死的危险事情,仍然不顾别人的生命而造成他人的死亡"。因此,选项B正确。

【拓展2】 E

【解析】 "下岗职工"的定义包括:(1)由于企业的生产和经营状况等原因,即不是个人原因;(2)已经离开本人的生产和工作岗位,并已不在本单位从事其他工作;(3)仍与用人单位保留劳动关系。选项A为个人原因,不符合(1)。选项B没有保留劳动关系,不符合(3)。选项C为个人原因,不符合(1)。选项D为个人原因,不符合(1)。选项E,符合下岗职工的定义。因此,选项E正确。

【拓展3】 B

【解析】 题干的错误类型是偷换概念。前面所说的"这所大学的学生"为集合概念;后面所说的"这所大学的学生"为非集合概念。与题干错误相同的是选项B,因此,选项B正确。

【拓展4】 C

【解析】 题干的错误类型是偷换概念。"人是第一个可宝贵的"中的"人"是集合概念,"我是人"中的"人"是非集合概念,选项C中的两个群众,一个是集合概念,另一个是非集合概念,这也是偷换概念的错误。选项ABDE都没有偷换概念。因此,选项C正确。

【拓展5】 C

【解析】 本题考查概念的关系。大连人属于北方人,统计总人数时必有重合,若其他概念均无重合,则最多有2+1+2+3=8人;又由"2个人只选修了艺术课",故这2个人和3个选修"体育课"一定没有重合,故最少有5人。因此,选项C正确。

【拓展6】 A

【解析】 本题考查概念的关系。大连人是北方人,所以一共有"两个北方人、一个福州人、两个特长生(即有特殊专长的学生)和三个贫困生(即有特殊经济困难的学生)",即2+1+2+3=8种描述。这8种描述覆盖了7名委员,则必然有且仅有一名委员兼有两种描述,而其他委员均只符合一种描述。选项A是两名委员兼有两种描述,与题干矛盾。其他选项不必然对,但不与题干矛盾。因此,选项A正确。

【拓展7】 D

【解析】 题干表明硕士生只有三个年级,并且每个年级人数相等。一年级所有的学生能够对应名句与诗名和作者。二年级有2/3的学生能够对应"名句和作者",这意味着1/3的学生不能对应"名句和作者",至于二年级的人是否能对应"诗名和作者",题干未提及,无法判断。三年级有1/3的学生不能对应"名句和诗名",这意味着2/3的学生能够对应"名句和诗名",至于三年级的人是否能对应"诗名与作者",题干未提及,无法判断。所以,唯一能确定的是选项D,所有的一年级学生和2/3的三年级学生,自然大于2/3。因此,选项D正确。

【拓展8】 D

【解析】结合题干和下表可知，选项D，b-c=（a+b）-（a+c）=30-28=2。因此，选项D正确。

类目	技工	非技工	总计
男	a	b	30
女	c	d	48
总计	28	50	78

知识小结

（1）概念划分的规则。规则一：每次划分只能使用同一个标准；规则二：各子类的外延是不相容的（全异关系）；规则三：各子类的外延和与原概念的外延相同（全同关系）。

（2）概念考查的套路。①简单概念；②计算——表格法。

思维导图

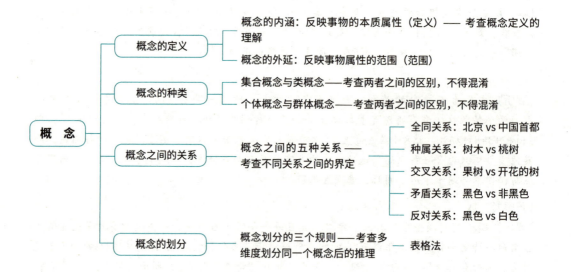

章节测试

扫码观看
章节测试讲解

第一章

1. 某家饭店中，一桌人边用餐边谈生意。其中，1个人是哈尔滨人，2个人是北方人，1个人是广东人，2个人只做电脑生意，3个人只做服装生意。

   如果以上介绍涉及餐桌上所有的人，那么，这一桌最少可能是几个人，最多可能是几个人？

   A. 最少可能是3人，最多可能是8人。

   B. 最少可能是5人，最多可能是8人。

   C. 最少可能是5人，最多可能是9人。

   D. 最少可能是3人，最多可能是9人。

   E. 无法确定。

2. 根据学习在动机形成和发展中所起的作用，人的动机可分为原始动机和习得动机两种。

   原始动机是与生俱来的动机，它们是以人的本能需要为基础的；习得动机是指后天获得的各种动机，即经过学习产生和发展起来的各种动机。

   根据以上陈述，以下哪项最可能属于原始动机？

   A. 尊敬老人，孝敬父母。

   B. 尊师重教，崇文尚武。

   C. 不入虎穴，焉得虎子。

   D. 宁可食无肉，不可居无竹。

   E. 窈窕淑女，君子好逑。

3. 某计算机销售部向顾客承诺："本部销售的计算机在一个月内包换、一年内包修、三年内上门服务免收劳务费，因使用不当造成的故障除外。"

   以下哪项所讲的是该销售部应该提供的服务？

   A. 某人购买了一台计算机，三个月后软驱出现问题，要求销售部修理，销售部为其免费更换了软驱。

   B. 计算机实验室从该销售部购买了30台计算机，50天后才拆箱安装。在安装时发现有一台显示器不能显示彩色，要求更换。

   C. 某学校购买了10台计算机，没到一个月，计算机的鼠标丢失了三个，要求销售部无偿补齐。

   D. 某人购买了一台计算机，一年后键盘出现故障，要求销售部按半价更换一个新键盘。

   E. 某人买了一台计算机，不小心感染了计算机病毒，造成存储的文件丢失，要求赔偿损失。

4. M政府决策者面临的一个头痛的问题即所谓"别在我家"综合征，例如，尽管民意测验一次又一次地显示大多数公众都赞成建新的监狱，但是，当决策者正式宣布计划要在某地建一新监狱时，总会遭到附近居民的抗议，并且抗议者总有办法使计划搁浅。

   以下哪项也属于上面所说的"别在我家"综合征？

   A. 某家长主张，感染了艾滋病毒的孩子不许进入公共学校，当他知道一个感染了艾滋病毒的孩子进入了他孩子所在的学校时，他立即为自己的孩子办理了退学手续。

B. 某政客主张所有政府官员都必须将个人财产公开登记，但他自己却递交了一份虚假的财产登记表。

C. 某教授主张宗教团体有义务从事慈善事业，但他自己却拒绝捐款救助叙利亚难民。

D. 某汽车商主张和国外进行汽车自由贸易，以有利于本国经济的发展，但他却要求本国政府限制进口外国制造的汽车。

E. 某军事战略家认为核战争足以毁灭人类，但主张本国保持足够的核能力以抵御外部可能的核袭击。

5. 《三体》是一部科幻小说，科幻小说不是一天能读完的。因此，《三体》不是一天能读完的。

以下哪项最为准确地指出了上述论证的错误？

A. 《三体》不是刘慈欣的作品。

B. 读书的速度因人而异，有的人一天可以读1本书，有的人一天可以读好几本书。

C. 阅读科幻小说的速度一般比阅读科学著作慢。

D. 上述论证中误认为整体具有的性质，个体也一定有。

E. 《三体》属于通俗易懂的小说，读懂它不需要专业素养。

参考答案及解析

答案速查

1. B	2. E	3. A	4. D	5. D

答案解析

1. 【答案】B

【解析】本题考点为概念之间的关系。哈尔滨人属于北方人，因此"1个哈尔滨人"和"2个北方人"加起来是2人。"只做电脑生意的2个人"与"只做服装生意的3个人"之间具有全异关系，因此加起来是5人。因此，2个北方人、1个广东人、只做电脑生意的2个人、只做服装生意的3个人，最多是2+1+2+3=8个人。如果北方人和广东人属于做电脑生意或服装生意的，则最少是5人。因此，选项B正确。

2. 【答案】E

【解析】题干给出的概念"原始动机"的定义为"与生俱来的动机"。选项中除了"窈窕淑女，君子好逑"是与生俱来的动机外，其他均为后天学习而来。因此，选项E正确。

3. 【答案】A

【解析】本题类似于下定义的题目。题干中的"承诺"包括"一个月包换、一年内包修、三年内上门免收劳务费",不包括"使用不当造成的故障"。选项A,计算机购买时间为三个月,符合一年内包修,此处厂家免费更换与题干不违背。因此,选项A正确。

4. 【答案】D

【解析】"别在我家"综合征的表现形式是"同一个主体对于同一件事情前后态度不一致"。题干信息对于盖监狱这个政策,同样的居民之前是支持的态度,之后是反对的态度。选项D中的汽车商符合"前后态度不一致"的表现形式:在总体上,主张自由贸易,另一方面,当关系到自己时,又反对自由贸易。因此,选项D正确。

5. 【答案】D

【解析】题干中"科幻小说不是一天能读完的"指的是科幻小说作为一个整体,不能一天读完,为集合概念,而《三体》是非集合概念。整体具有的属性,不能推到具体的个体。因此,选项D正确。

第二章　复合判断

考点考频分析

考点	频率	难度	知识点
联言判断与选言判断	中	☆☆	联言判断 相容性选言判断 不相容性选言判断 联言判断与选言判断的推理
假言判断的推理	高	☆☆	假言判断充分条件（前推后） 假言判断必要条件（后推前） 假言判断充要条件 假言判断的逆否与性质
复合判断的矛盾与等价转换	高	☆☆	联言判断与选言判断的矛盾条件 假言判断与联言判断的矛盾关系 假言判断与选言判断的等价关系
复合判断的综合推理	中	☆☆☆	多个肢的复合判断推理 多个复合判断的分析推理

考点一　联言判断与选言判断

一、联言判断"且""∧"

（一）定义及标准式

1. 定义

联言判断是多个判断同时并存的判断。

2. 标准式

$$P \qquad 并且 \qquad Q \qquad = \qquad P \wedge Q$$
$$（肢判断）\quad（联结词）\quad（肢判断）\qquad （干判断）$$

3. 常见联结词

词性	联结词	例子
表并列	和、并且、又、兼得、分号	班长和学委都是学霸
表转折	但、但是、虽然……但是……	小王是四川人，但是不会打麻将
表递进	既……又……、不但……而且……	凤姐不但"相貌出众"，而且"自信心爆棚"

（二）肢干判断的推理

1. 干判断推肢判断

干判断	肢判断
P∧Q为真 诸葛亮是军事家和政治家	P为真，Q也为真 （1）诸葛亮是军事家；（2）诸葛亮是政治家
非P∧非Q为真 小明既不聪明，也不勤奋	非P为真，非Q为真 （1）小明不聪明；（2）小明不勤奋

注意 P∧Q为假时，无法推出P、Q的真假值，只能确定至少一个为假。

2. 肢判断推干判断

肢判断 P	肢判断 Q	干判断 P∧Q
真	真	真
真	假	假
假	真	假
假	假	假

注意 对于"∧"命题来说：
（1）只有两个肢判断同时为真，才可以推出联言干判断为真。
（2）肢判断也可以是3个甚至更多，考试中最多出现过4个肢判断的混合复合判断。

试一试 🔧	
"牛顿既是物理学家又是数学家"为真，那么下列判断是真是假，还是不确定？ ① 牛顿是物理学家。 ② 牛顿是数学家。 ③ 牛顿不是物理学家。 ④ 牛顿不是数学家。 ⑤ 牛顿唱歌很好听。	

题干剖析	题干公式为：**物理学家∧数学家** 对应考点："∧"命题的干命题为真，则每一肢都为真	
选项	解析	正误
①	"是物理学家"为其中一肢，肢命题为真	判断为真
②	"是数学家"为其中一肢，肢命题为真	判断为真
③	"是物理学家"为真肢判断，故"不是"即为假	判断为假
④	"是数学家"为真肢判断，故"不是"即为假	判断为假
⑤	"唱歌很好听"未包含在题干命题中，故无从得知	判断为不确定

二、相容性选言判断"或""∨"

（一）定义及标准式

1. 定义
相容性选言判断是多个判断**至少有一种存在**的判断。

2. 标准式

$$
\begin{array}{ccccc}
\text{P} & \text{或者} & \text{Q} & = & \text{P}\vee\text{Q} \\
\text{（肢判断）} & \text{（联结词）} & \text{（肢判断）} & & \text{（干判断）}
\end{array}
$$

3. 常见联结词
或者……或者、至少一个、可能……也可能、也许……也许。

例如，（1）小强能成功，或者靠实力，或者靠"亲爹"。

　　　　（2）想要和我做朋友，高、富、帅至少满足一个。

（二）肢干判断的推理

1. 干判断推肢判断

干判断	肢判断
P∨Q为真 或者刮风，或者下雨	P（刮风）为真，Q（下雨）为假
	P（刮风）为假，Q（下雨）为真
	P（刮风）为真，Q（下雨）为真

注意

若P∨Q干判断为真：
（1）无法判定单独一个肢的真假值，只能确定至少一个肢为真。
（2）若肯定一个肢，无法确定另外一个肢的真假值。
（3）**若否定一个肢，则可以肯定另外一个肢。**
（4）超过两个肢的相容性选言判断，需要否定n−1个肢，则可以肯定剩下的最后一个肢。

2.肢判断推干判断

肢判断 P	肢判断 Q	干判断 P∨Q
真	真	真
真	假	真
假	真	真
假	假	假

注意

对于"∨"命题来说：
只要有一个肢判断为真，就可以推出干判断为真。

试一试
"牛顿或者是物理学家，或者是数学家"为真，那么下列判断是真是假，还是不确定？ ① 牛顿是物理学家。 ② 牛顿不是数学家。 ③ 如果牛顿不是物理学家，那么他就是数学家。 ④ 如果牛顿不是数学家，那么他就是物理学家。 ⑤ 如果牛顿是物理学家，那么他就不是数学家。	

题干剖析	题干公式为：物理学家∨数学家 对应考点："∨"命题的干命题为真，则至少有一肢为真，但具体哪一肢为真哪一肢为假不能确定		
选项	**解析**		**正误**
①	"物理学家"是其中一肢，无法判断真假		判断为不确定
②	"数学家"是其中一肢，无法判断真假		判断为不确定
③	如果牛顿不是物理学家，说明此时否定了一肢；那么必然要肯定另一肢，故他就是数学家		判断为真
④	如果牛顿不是数学家，说明此时否定了一肢；那么必然要肯定另一肢，故他就是物理学家		判断为真
⑤	如果牛顿是物理学家，此时为肯定一肢；那么剩余的一肢可以为真，也可以为假		判断为不确定

第二章

三、不相容性选言判断"∀"

（一）定义及标准式

1. 定义

不相容性选言判断只有两个肢判断，并且只能有一个肢判断可以为真。

2. 标准式

<table>
<tr><td>要么 P</td><td>要么</td><td>Q</td><td>=</td><td>P ∀ Q</td></tr>
<tr><td>（肢判断）</td><td>（联结词）</td><td>（肢判断）</td><td></td><td>（干判断）</td></tr>
</table>

3. 常见联结词

要么……要么……、二者必居其一。

例如，（1）要么武松打死老虎，要么老虎吃掉武松。

　　　（2）要么拿钱走人，要么拿走冰箱，二者必居其一。

（二）肢干判断的推理

1. 干判断推肢判断

干判断		肢判断
P ∀ Q 为真 要么刮风，要么下雨	推出两种可能情况	情况一：P（刮风）为真；Q（下雨）为假 情况二：P（刮风）为假；Q（下雨）为真
P ∀ Q 为假 要么刮风，要么下雨		情况一：P（刮风）为真；Q（下雨）为真 情况二：P（刮风）为假；Q（下雨）为假

注意

如果 P ∀ Q 干判断为真：

（1）无法判定单独一个肢的真假值，只能确定一真一假。

（2）若否定一个肢，则可以肯定另外一个肢。

（3）若肯定一个肢，则可以否定另外一个肢（与相容性选言判断的区别）。

2. 肢判断推干判断

肢判断 P	肢判断 Q	干判断 P ∀ Q
真	真	假
真	假	真
假	真	真
假	假	假

注意

对于"要么"命题来说：

只有两个肢判断一真一假时，才可以推出干判断为真。

（只有两个肢的情况）

试一试 🛠

"牛顿要么是物理学家，要么是数学家"为真，那么下列判断是真是假，还是不确定？
① 牛顿是物理学家。
② 牛顿不是数学家。
③ 如果牛顿不是物理学家，那么他就是数学家。
④ 如果牛顿不是数学家，那么他就是物理学家。
⑤ 如果牛顿是物理学家，那么他就不是数学家。

题干剖析	题干公式为：物理学家∀数学家 对应考点："∀"命题的本质为一真一假	
选项	**解析**	**正误**
① ②	题干中"∀"命题为真，只能得出肢判断为一真一假的关系，但谁真谁假未可知，故牛顿是物理学家还是数学家，无法确定	判断为不确定
③	如果牛顿不是物理学家，说明已经否定了其中一肢；那么另一肢必然应肯定，故他就是数学家	判断为真
④	如果牛顿不是数学家，说明已经否定了其中一肢；那么另一肢必然应肯定，故他就是物理学家	判断为真
⑤	如果牛顿是物理学家，说明已经肯定了其中一肢；那么另一肢必然应否定，故他就不是数学家	判断为真

四、联言判断与选言判断的推理

肢判断 P	肢判断 Q	P∧Q	P∨Q	P∀Q
真	真	真	真	假
真	假	假	真	真
假	真	假	真	真
假	假	假	假	假

若以下判断为真	推理	判断真假值?
P∧Q	∧命题干为真，则每一肢都为真，故P真、Q真	P∨Q真
P∨Q	∨命题干为真，则至少有一肢为真，但有没有假命题为未知	P∧Q不确定
￢P∧Q	∧命题干为真，则每一肢都为真，故￢P真、￢Q真	￢P∨￢Q真
￢P∧￢Q		P∨￢Q真
P∀Q	∀命题干为真，则肢判断为一真一假的情况	P∨Q真
P∀￢Q	∀命题干为真，则肢判断为一真一假的情况，故可能为：(1) P真，Q真；(2) P假，Q假	P∨Q不确定

母题剖析

【例1】奥尔特星云浮游在太阳系边缘，极易受附近星体引力作用的影响。据研究人员计算，有时这些力量会将彗星从奥尔特星云中拖出。这样，它们更有可能靠近太阳。两位研究人员据此分别做出了以下两种有所不同的断定：一、木星的引力作用要么将它们推至更小的轨道，要么将它们逐出太阳系；二、木星的引力作用或者将它们推至更小的轨道，或者将它们逐出太阳系。

如果上述两种断定只有一种为真，可以推出以下哪项结论？

A. 木星的引力作用将它们推至更小的轨道，并且将它们逐出太阳系。

B. 木星的引力作用没有将它们推至更小的轨道，但是将它们逐出太阳系。

C. 木星的引力作用将它们推至更小的轨道，但是没有将它们逐出太阳系。

D. 木星的引力作用既没有将它们推至更小的轨道，也没有将它们逐出太阳系。

E. 木星的引力作用如果将它们推至更小的轨道，就不会将它们逐出太阳系。

【答案】A

考点分析	复合判断的推理（☆☆）
步骤详解	
第一步	读问题，观察询问的关键点，即"两个断定为一真一假"
第二步	将题干转换为符号，断定一为"推至更小的轨道∀逐出太阳系"；断定二为"推至更小的轨道∨逐出太阳系"
第三步	分析二者关系。若断定一为真，则两个肢判断为一真一假的关系，故这两个肢判断组成的"∨"命题也为真，此时不符合题干要求。因此，可得出结论，断定一为假、断定二为真。那么只能存在唯一的情况，即"推至更小的轨道"为真，"逐出太阳系"也为真
第四步	对应答案。在"推至更小的轨道"为真，"逐出太阳系"也为真的情况下，"推至更小的轨道∧逐出太阳系"命题即为真。因此，选项A正确

小贴士

"∨"命题与"∀"命题的区别在于，前者比后者多包含了一种"原命题的肢命题"同时存在的情况，因此，在解题中要多关注此情况。

拓展测试

【拓展1】已知判断"小明不但智商高，而且品德出众"为真，以下哪一项一定为真？

A. 小明智商高，但品德不出众。

B. 小明智商高，但工作表现不积极。

C. 小明智商不高，但工作表现积极。

D. 小明智商不高，品德也不出众。

E. 小明或者智商高，或者品德出众。

【拓展2】已知判断"小王或者想参观北京大学，或者想参观清华大学"为真，以下哪一项一定为真？

A. 小王既想参观北京大学又想参观清华大学。

B. 小王既不想参观北京大学又不想参观清华大学。

C. 小王想参观北京大学，但不想参观清华大学。

D. 如果小王想参观北京大学，那么小王就不想参观清华大学

E. 如果小王不想参观北京大学，那么小王就想参观清华大学。

【拓展3】已知判断"小张要么获得奖学金，要么获得专利权"为真，则以下各项一定为真，除了哪项？

A. 如果小张获得奖学金，那么他没有获得专利权。

B. 如果小张没获得奖学金，那么他获得专利权。

C. 小张或者获得奖学金，或者获得专利权。

D. 小张或者没获得奖学金，或者没获得专利权。

E. 小张没获得奖学金，但获得了专利权。

参考答案及解析

【拓展1】 E

【解析】题干"小明不但智商高，而且品德出众"，由"'∧'命题的干命题为真，则每一肢都为真"即"智商高""品德出众"均为真。显然选项ABCD均不正确，排除。而在"或命题"中，根据"只要有一个肢判断为真，就可以推出干判断为真"。因此，选项E正确。

【拓展2】 E

【解析】题干"小王或者想参观北京大学，或者想参观清华大学"可表示为"北大∨清华"，根据"若否定一个肢，则可以肯定另外一个肢"的规则。因此，选项E正确。

【拓展3】 E

【解析】题干"小张要么获得奖学金，要么获得专利权"可表示为"奖学金∀专利权"，根据不相容性选言判断的推理规则"若否定一个肢，则可以肯定另外一个肢；若肯定一个肢，则可以否定另外一个肢（与相容性选言的区别）剩下最后一个肢"，可知选项ABCD表述均正确，选项E错误。因此，选项E当选。

知识小结

（1）联言判断："∧"命题，表示事物同时存在；干判断为真，则每一肢命题都为真；干判断为假，则至少有一肢命题为假；反之亦然。

（2）相容性选言判断："∨"命题，表示相容性选择发生；干判断为真，则至少有一个肢命题为真；干判断为假，则每一肢命题都为假；反之亦然。

（3）不相容性选言判断："∀"命题，表示不相容性选择发生；命题的本质是一真一假。

（4）联言判断与选言判断的推理：从肢命题的真假性进行判断。

考点二 假言判断的推理

一、假言判断的表达式

（一）假言判断充分条件（前推后）

1.定义

P为真，则Q一定为真，**P就是Q的充分条件**。

2.标准式

如果   P   就   Q   =   **P→Q**

（肢判断）（联结词）   （肢判断）   （干判断）

例如，如果你老实交代，我就原谅你。

分析："你老实交代"是"我原谅你"的充分条件。

公式：你老实交代→我原谅你

3.常见联结词

标准式	联结词	例子	推理形式
P→Q	如果P，那么Q	如果天下雨，那么地上湿	**天下雨→地上湿**
	只要P，就Q	只要你努力，世上就无难事	**努力→无难事**
	若P，则Q	你若安好，则是晴天	**安好→晴天**
	一P，就Q	一见到他，就把情书给他	**见到他→情书给他**
	P一定Q	付出一定有回报	**付出→有回报**
	P是Q	男人是有担当的	**男人→有担当**
¬P→Q	除非P，否则Q	除非买房，否则离婚	**非买房→离婚**

（二）假言判断必要条件（后推前）

1.定义

P为真，则Q一定为真，Q就是P的必要条件。

2.标准式

只有   Q   才   P   =   **P→Q**

（肢判断）   （联结词）   （肢判断）   （干判断）

例如，中国队只有拿下半决赛，才能闯入决赛。

分析："拿下半决赛"是"闯入决赛"的必要条件。

公式：闯入决赛→拿下半决赛

3. 常见联结词

标准式	联结词	例子	推理形式
P→Q	只有Q，才P	只有活着，才有权利说话	说话→活着
	必须Q，才P	必须拼命学习，才能考上大学	考上大学→拼命学习
	除非Q，才P	除非通过初试，才能参加复试	参加复试→通过初试
	Q是P的前提	大公无私是为人民服务的前提	服务→大公无私
	Q是P的基础	感情是婚姻的基础	婚姻→感情
	Q是P的先决条件	永不放弃是成功的先决条件	成功→永不放弃

（三）假言判断充要条件

1. 定义

P当且仅当Q，P与Q之间为完全对等的关系。

（1）有P必有Q，无P必无Q。

（2）有Q必有P，无Q必无P。

2. 标准式

$$P \quad 当且仅当 \quad Q \quad = \quad P=Q$$
（肢判断） （联结词） （肢判断） （干判断）

3. 常见联结词

当且仅当。

【思考题】一个小孩子路过玩具店想要妈妈给他买玩具，妈妈不从，于是小孩子号啕大哭，妈妈很尴尬，决定"放大招"。妈妈说："你要是还哭，我就不给你买玩具。"于是小孩子立刻不哭了。

（1）小孩子的思维是什么条件关系？

（2）从逻辑思维出发，妈妈真的一定会买玩具吗？

小试牛刀

已知"只要勤奋耕耘，就会有所收获"为真，以下哪项公式表达与题干一致？**勤奋耕耘→收获**

题干	公式表达
如果有所收获，才会勤奋耕耘	勤奋耕耘→收获（与题干一致）
如果有所收获，那么勤奋耕耘	收获→勤奋耕耘（与题干不一致）
若勤奋耕耘，则会有所收获	勤奋耕耘→收获（与题干一致）
必须勤奋耕耘，才会有所收获	收获→勤奋耕耘（与题干不一致）
除非勤奋耕耘，才会有所收获	收获→勤奋耕耘（与题干不一致）
除非勤奋耕耘，否则不会有所收获	非勤奋耕耘→非收获（与题干不一致）
一旦勤奋耕耘，就会有所收获	勤奋耕耘→收获（与题干一致）

二、假言判断的逆否与性质

（一）定义及标准式

1.定义

如果两个命题中的一个命题的条件和结论分别是另一个命题的结论和条件的否定，则这两个命题互为逆否命题。原命题和逆否命题为等价命题，如果原命题成立，则逆否命题成立。

原命题为：若a，则b。逆否命题为：若非b，则非a。

2.标准式

P→Q=非Q→非P

> **注意**
>
> （1）肯前必肯后；（2）否后必否前；
> （3）否前后不定；（4）肯后前不定。

小试牛刀

（1）写出下列表述所对应的公式。

表述	公式表达	逆否命题
如果你爱我，你就陪我一起考研	你爱我→一起考研	¬一起考研→¬你爱我
如果太阳从西边出来，我就请你吃大餐	太阳西出→吃大餐	¬吃大餐→¬太阳西出
只有生命终止，我们才能放弃	放弃→生命终止	¬生命终止→¬放弃

（2）判断下列假言判断的有效性。

已知：如果太阳从西边出来，我就请你吃大餐。（太阳西出→请吃大餐）

① 太阳从西边出来。　→请吃大餐

② 太阳没有从西边出来。　推不出结论

③ 我请你吃大餐。　推不出结论

④ 我没有请你吃大餐。　→太阳没有从西边出来

母题剖析

【例2】百年党史充分揭示了中国共产党为什么能、马克思主义为什么行、中国特色社会主义为什么好的历史逻辑、理论逻辑、实践逻辑，面对百年未有之大变局，如果信念不坚定，就会陷入停滞彷徨的思想迷雾，就无法应对前进道路上的各种挑战风险。只有坚持中国特色社会主义道路自信、理论自信、制度自信、文化自信，才能把中国的事情办好，把中国特色社会主义事业发展好。

根据以上陈述，可以得出以下哪项？

A.如果坚持"四个自信"就能把中国的事情办好。

B.只要信念坚定，就不会陷入停滞彷徨的思想迷雾。

C. 只有信念坚定，才能应对前进道路上的各种挑战风险。

D. 只有充分理解百年党史揭示的理论逻辑，才能将中国特色社会主义事业发展好。

E. 如果不能理解百年党史揭示的理论逻辑，就无法遵循百年党史揭示的实践逻辑。

【答案】C

考点分析	假言判断的推理——逆否命题（☆☆）
题干剖析	"百年党史充分揭示了中国共产党为什么能、马克思主义为什么行、中国特色社会主义为什么好的历史逻辑、理论逻辑、实践逻辑，面对百年未有之大变局"中未出现可以写成公式的逻辑标志词，可快速浏览。"如果……就……""只有……才……"需要转换成对应的逻辑公式： **公式1：信念不坚定→陷入思想迷雾→无法应对各种挑战风险** **公式2：把中国的事情办好、事业发展好→坚持四个自信**
解题步骤	第一步：读问题，观察是否有特殊信息； 第二步：分析题干，将题干中的语言转换为逻辑符号； 第三步：对比选项，根据题干要求选择正确的答案

选项	解析	正误
A	坚持四个自信→把中国的事情办好，对应公式2，但不符	错误
B	信念坚定→不会陷入思想迷雾，对应公式1，但不符	错误
C	应对各种挑战风险→信念坚定，公式1的逆否，符合	**正确**
D	选项DE是对材料前两句话的考查，而题干中并未出现推理的逻辑，因此，选项DE得不出结论	错误
E		

💡 小贴士

假言判断的推理需要根据其判断词，快速找出可以公式化的部分，而后根据公式进行精准的判断即可。

【例3】在本年度篮球联赛中，长江队主教练发现，黄河队五名主力队员之间的上场配置有如下规律：

（1）若甲上场，则乙也要上场。

（2）只有甲不上场，丙才不上场。

（3）要么丙不上场，要么乙和戊中有人不上场。

（4）或者丁上场，或者乙上场。

若乙不上场，则以下哪项配置合乎上述规律？

A. 甲、丙、丁同时上场。

B. 丙不上场，丁、戊同时上场。

C. 甲不上场，丙、丁都上场。

D. 甲、丁都上场，戊不上场。

E. 甲、丁、戊都不上场。

【答案】C

考点分析	假言判断的推理（☆☆☆）		
步骤详解			
第一步	读问题，观察主要信息，此时"乙不上场"		
第二步	分析题干，将题干中的语言转换为公式： （1）甲上场→乙也要上场 （2）丙不上场→甲不上场 （3）丙不上场∀（乙不上场∨戊不上场） （4）丁上场∨乙上场		
第三步	带着问题中的提示（已知条件）继续分析： "乙不上场"根据条件（1）可得出"甲不上场"；"乙不上场"根据条件（3）的"∀"命题可知，"丙要上场"；"乙不上场"根据条件（4）的"∨"命题可知，"丁需要上场"		
第四步	得出结论：甲不上场，丙、丁上场。因此，选项C正确		

 小贴士

注意区分有的A是B，表示为A∧B；A和B有的存在，表示为A∨B。

【例4】 如果是某小区2号楼1单元的住户，那么就要打甲公司的疫苗，小李家不是该小区2号楼1单元的住户，小赵家都打了甲公司的疫苗，而小陈家都没有打甲公司的疫苗。

根据以上陈述，可以得出以下哪项？

A. 小李家都没有打甲公司的疫苗。

B. 小赵家是该小区2号楼1单元的住户。

C. 小陈家是该小区的住户，但不是2号楼1单元的。

D. 小赵家是小区2号楼的住户，但未必是1单元的。

E. 小陈家若是该小区2号楼的住户，则不是1单元的。

【答案】E

考点分析	假言判断的推理——逆否命题（☆☆☆）	
题干剖析	题干第一句话"如果……那么"可转换为公式：2号楼1单元→打甲公司疫苗； 题干后半部分是作为确定条件来完成进一步推理的。本题需根据公式来判断逆否命题的有效无效	
解题步骤	第一步：读问题，观察是否有特殊信息； 第二步：分析题干，将题干中的语言转换为逻辑符号，再结合确定信息进一步推理答案； 第三步：根据题干要求选择正确的选项	
选项	解析	正误
A	根据确定信息"小李家不是2号楼1单元的住户"，再结合公式来看，否前得不出任何结论，故选项A无法得出	错误
B	根据确定信息"小赵家都打了甲公司的疫苗"，再结合公式来看，肯后推不出任何结论，故选项B无法得出	错误
C	根据确定信息"小陈家都没有打甲公司的疫苗"，再结合公式的逆否命题可得出"小陈家⌐2号楼1单元"，但小陈是否为"该小区住户"是无法确定的，选项C表述过于绝对	错误

续表

选项	解析	正误
D	根据确定信息"小赵家都打了甲公司的疫苗",再结合公式来看,肯后推不出任何结论,故选项D无法得出	错误
E	根据确定信息"小陈家都没有打甲公司的疫苗",再结合公式的逆否命题可得出"小陈家⌐2号楼1单元",选项E表述正确	正确

 小贴士

逆否命题的有效无效,必须精准对应"肯前推肯后、否后推否前"的结论。

拓展测试

【拓展1】文化体现在一个人如何对待自己,如何对待他人,如何对待自己所处的自然环境。在一个文化厚实的社会里,人懂得尊重自己——他不苟且,不苟且才有品位;人懂得尊重别人——他不霸道,不霸道才有道德;人懂得尊重自然——他不掠夺,不掠夺才有永续的生命。

下面哪一项不能从上面这段话中推出?

A. 如果一个人苟且,则他无品位。

B. 如果一个人霸道,则他无道德。

C. 如果人类掠夺自然,则不会有永续的生命。

D. 如果一个人无道德,则他霸道并且苟且。

E. 如果一个人有道德,则一定不霸道。

【拓展2】针对威胁人类健康的甲型H1N1流感,研究人员研制出了相应的疫苗,尽管这些疫苗是有效的,但某大学研究人员发现,阿司匹林、羟苯基乙酰胺等抑制某些酶的药物会影响疫苗的效果,这位研究人员指出:"如果你使用了阿司匹林,那么你注射疫苗后就必然不会产生良好的抗体反应。"

如果小张注射疫苗后产生了良好的抗体反应,那么根据上述研究结果可以得出以下哪项结论?

A. 小张服用了阿司匹林。

B. 小张没有服用阿司匹林。

C. 小张没有服用了阿司匹林,但服用了其他药物。

D. 小张可能服用了阿司匹林。

E. 无法确定小张服用了何种药物。

【拓展3】柏拉图学园的门口竖着一块牌子"不懂几何者不得入内"。这天来了一群人,他们都是懂几何的人。如果牌子上的话得到准确的理解和严格的执行,那么以下哪项一定为真?

A. 他们可能不会被允许进入。

B. 他们一定不会被允许进入。

C. 他们一定会被允许进入。

D. 他们不可能被允许进入。

E. 他们不可能不被允许进入。

【拓展4】如果风很大，我们就会放飞风筝。如果天空不晴朗，我们就不会放飞风筝。如果天气很暖和，我们就会放飞风筝。

假定上面的陈述属实，如果我们现在正在放飞风筝，则下面的哪项也必定是真的？

Ⅰ.风很大。

Ⅱ.天空晴朗。

Ⅲ.天气暖和。

A. 仅Ⅰ。

B. 仅Ⅰ、Ⅲ。

C. 仅Ⅲ。

D. 仅Ⅱ。

E. Ⅰ、Ⅱ、Ⅲ。

参考答案及解析

【拓展1】　D

【解析】 本题主要考查假言判断中的充分必要条件。选项A可从题干中"他不苟且，不苟且才有品位"推出，选项B能从"他不霸道，不霸道才有道德"推出，选项C能从"他不掠夺，不掠夺才有永续的生命"中推出。选项E和选项B等价，只有选项D不能从题干中推出。因此，选项D当选。

【拓展2】　B

【解析】 本题考查假言的推理规则。题干可以简化为：（1）阿司匹林→不良好，（2）良好，（1）（2）结合，根据"否后必否前"得到"非阿司匹林"，因此，选项B正确。

【拓展3】　A

【解析】 本题考查假言的推理规则。题干可以简化为：（1）不懂几何者→不得入内，（2）懂几何的人，（1）（2）结合没办法得到确定结果，因此选项BCDE这类绝对化表述可以排除，因此，选项A正确。

【拓展4】　D

【解析】 本题考查假言的推理规则。按照已知条件"如果天气不晴朗，那么我们不放风筝"，又"我们在放风筝"，根据"否后必否前"，得到"天空晴朗"。"风很大"和"天气暖和"均不能从题干的条件中推出。因此，选项D正确。

知识小结

（1）假言判断充分条件："如果……就……""若……则……""一旦……就……"，根据前面内容推出后面内容。（"除非……否则"为否前推后。）

（2）假言判断必要条件：看见"才""前提""基础""先决条件"，表示为后推前的形式。

（3）假言判断充要条件："当且仅当"为充要条件的标志词，表示前后成立具有统一性。

（4）假言判断的逆否与性质：a→b逆否命题为￢b→￢a，表示为肯前推肯后、否后推否前。

考点三　复合判断的矛盾与等价转换

一、联言与选言的矛盾关系

（一）矛盾关系的推理

1. 矛盾的本质为一真一假

肢判断 P	肢判断 Q	P∧Q	P∨Q	P∀Q
真	真	真	真	假
真	假	假	真	真
假	真	假	真	真
假	假	假	假	假

2. 公式总结

公式	转换	转换公式
P∧Q		￢P∨￢Q
P∨Q	矛盾	￢P∧￢Q
P∀Q		（P∧Q）∨（￢P∧￢Q）

小试牛刀

公式	例子	转换	转换公式
P∧Q	我们班的女生才貌双全		非才∨非貌
P∨Q	或者有才，或者有貌	矛盾	非才∧非貌
P∀Q	要么有才，要么有貌		（才∧貌）∨（非才∧非貌）

母题剖析

【例5】 针对威胁人类健康的甲型H1N1流感，研究人员研制出了相应的疫苗，尽管这些疫苗是有效的，但某大学研究人员发现，阿司匹林、羟苯基乙酰胺等抑制某些酶的药物会影响疫苗的效果，这位研究人员指出："如果你使用了阿司匹林或者对乙酰氨基酚，那么你注射疫苗后就必然不会产生良好的抗体反应。"

如果小张注射疫苗后产生了良好的抗体反应，那么根据上述研究结果可以得出以下哪项结论？

A. 小张服用了阿司匹林，但没有服用对乙酰氨基酚。

B. 小张没有服用阿司匹林，但感染了H1N1流感病毒。

C. 小张服用了阿司匹林，但没有感染H1N1流感病毒。

D. 小张没有服用阿司匹林，也没有服用对乙酰氨基酚。

E. 小张服用了对乙酰氨基酚，但没有服用羟苯基乙酰胺。

【答案】 D

考点分析	假言判断的逆否推理与矛盾转换（☆☆）
步骤详解	
第一步	读问题，观察主要信息，此时"小张注射疫苗后产生了良好的抗体反应"
第二步	分析题干，将题干中的语言"如果你使用了阿司匹林或者对乙酰氨基酚，那么你注射疫苗后就必然不会产生良好的抗体反应"转换为公式：（阿司匹林∨乙酰氨基酚）→¬产生良好抗体
第三步	带着问题中的提示（已知条件）来继续分析，"产生良好抗体"作为前提，需要对原公式做逆否，得出"¬（阿司匹林∨乙酰氢基酚）"，即对括号内的公式做矛盾转换，得出结论"¬阿司匹林∧¬乙酰氢基酚"

二、假言判断的矛盾与等价判断

（一）假言判断与联言判断的矛盾关系

公式	例子	转换	转换公式
P→Q	如果你好好干，年底就发大红包	矛盾	好好干∧¬发大红包
P→Q	如果你放过我，我们都会很幸福		放过我∧¬很幸福

（二）假言判断与选言判断的等价关系

公式	例子	转换	转换公式
P→Q	如果你好好干，年底就发大红包	等价	¬好好干∨大红包
P→Q	如果你放过我，我们都会很幸福		¬放过我∨很幸福

小试牛刀

例子	公式表述	转换	转换公式
只要前十名，就买玩具	前十名→买玩具		前十名∧¬买玩具
只有努力，才能考上	考上→努力	矛盾	考上∧¬努力
除非有房，否则分手	¬有房→分手		¬有房∧¬分手
只要前十名，就买玩具	前十名→买玩具		¬前十名∨买玩具
只有努力，才能考上	考上→努力	等价	¬考上∨努力
除非有房，否则分手	¬有房→分手		有房∨分手

母题剖析

【例6】在家电产品"三下乡"活动中，某销售公司的产品受到了农村居民的广泛欢迎。该公司总经理在介绍经验时表示：只有用最流行畅销的明星产品面对农村居民，才能获得他们的青睐。

以下哪项如果为真，最能质疑总经理的论述？

A. 某品牌电视由于其较强的防潮能力，尽管不是明星产品，仍然获得了农村居民的青睐。

B. 流行畅销的明星产品由于价格偏高，没有赢得农村居民的青睐。

C. 流行畅销的明星产品只有质量过硬，才能获得农村居民的青睐。

D. 有少数娱乐明星为某些流行畅销的产品做虚假广告。

E. 流行畅销的明星产品最适合城市中的白领使用。

【答案】A

考点分析	假言判断的矛盾转换（☆☆）		
步骤详解			
第一步	读问题，观察主要信息"最能质疑总经理"，故需对总经理的话做矛盾转换		
第二步	分析题干，将题干中的语言"只有用最流行畅销的明星产品面对农村居民，才能获得他们的青睐"转换为公式："青睐→明星产品"		
第三步	对转换后的公式做矛盾转换，"青睐∧¬明星产品"		
第四步	对应选项，选项A正确		

小贴士

做矛盾转换的题目，需要先对公式做矛盾转换，而后直接对应正确选项即可，不需一一对比选项。

拓展测试

【拓展1】 并非本届世界服装节既成功又节俭。

如果上述判断是真的，则以下哪项一定为真？

A. 本届世界服装节成功但不节俭。

B. 本届世界服装节节俭但不成功。

C. 本届世界服装节既不节俭也不成功。

D. 如果本届世界服装节不节俭，则一定成功。

E. 如果本届世界服装节节俭，则一定不成功。

【拓展2】 不可能宏达公司和亚鹏公司都没有中标。

以下哪项最为准确地表达了上述断定的意思？

A. 宏达公司和亚鹏公司可能都中标。

B. 宏达公司和亚鹏公司至少有一个可能中标。

C. 宏达公司和亚鹏公司必然都中标。

D. 宏达公司和亚鹏公司至少有一个必然中标。

E. 如果宏达公司中标，那么亚鹏公司不可能中标。

【拓展3】 小王说："感情是婚姻的基础。"小明说："我不同意。"

以下哪项能够最好地将小明的话补充完整？

A. 结婚了，但没有感情。

B. 没结婚，也没有感情。

C. 没结婚，但有感情。

D. 如果有感情，就应该结婚。

E. 结婚了，并且有感情。

【拓展4】 某家长认为，有想象力才能进行创造性劳动，但想象力和知识是天敌。因为知识符合逻辑，而想象力无章可循。人的大脑一山不容二虎：学龄前，想象力独占鳌头，脑子被想象力占据；上学后，大多数人的想象力被知识驱逐出境，他们成为知识渊博但丧失了想象力、终身只能重复前人发现的人。

以下哪项与该家长的上述观点矛盾？

A. 如果希望孩子能够进行创造性劳动，就不要送他们上学。

B. 如果获得了足够知识，就不能进行创造性劳动。

C. 发现知识的人是有一定想象力的。

D. 有些人没有想象力，但能进行创造性劳动。

E. 想象力被知识驱逐出境是一个逐渐的过程。

【拓展5】 华阳中学在今年年初举办了逻辑、写作两科竞赛，关于竞赛的获奖情况，佟校长说："只有逻辑竞赛获奖的同学，才在写作竞赛中获奖。"

如果佟校长所说为真，则以下有关华阳中学参加该竞赛的同学的情况哪项不可能真？

A. 小逸同学逻辑和写作两科都获奖了。

B. 小图同学逻辑和写作两科都没获奖。

C. 小蕊同学逻辑获奖了，但写作没获奖。

D. 小司同学写作没获奖，但逻辑获奖了。

E. 小吴同学写作获奖了，但逻辑没获奖。

参考答案及解析

【拓展1】 E

【解析】 题干可以简化为：¬（成功∧节俭）=（¬成功∨¬节俭）。结合选命判断的推理规则"若否定一个肢，则可以肯定另外一个肢"可知，（¬成功∨节俭）=节俭→¬成功。因此，选项E正确。

【拓展2】 D

【解析】 题干可以简化为：¬（宏达∧亚鹏）=（宏达∨亚鹏）。因此，选项D正确。

【拓展3】 A

【解析】 题干表明小王：婚姻→感情；小明：婚姻∧¬感情。因此，选项A正确。

【拓展4】 D

【解析】 题干内容可以简化为：创造性劳动→想象力。该家长观点的矛盾为：创造性劳动∧¬想象力。因此，选项D正确。

【拓展5】 E

【解析】 题干内容可以简化为：写作→逻辑。矛盾为：写作∧¬逻辑。因此，选项E正确。

知识小结

	记忆公式		记忆口诀
P∧Q	矛盾	¬P∨¬Q	"∧"变"∨"，"∨"变"∧"；"肯定"变"否定"，"否定"变"肯定"
P∨Q		¬P∧¬Q	
P→Q		P∧¬Q	"→"变"∧"，"∧"变"→" 前不动，后要动
P∧Q		P→¬Q	
P∀Q		（P∧Q）∨（¬P∧¬Q）	"∀"命题的矛盾为同时真或者同时假
P→Q	等价	¬P∨Q	"→"变"∨"，"∨"变"→" 前动，后不动
P∨Q		¬P→Q	

考点四　复合判断的综合推理

一、多个肢的复合判断推理

（一）原理方法

1. 转换的思维

（1）与两肢判断方法一致；（2）整体思维运算，先整体后括号。

2. 转换的应用

公式表述	转换	转换公式	转换	转换公式
$(P \wedge Q) \wedge R$	等价	$P \wedge Q \wedge R$	矛盾	$\neg P \vee \neg Q \vee \neg R / (P \wedge Q) \rightarrow \neg R$
$(P \vee Q) \vee R$		$(\neg P \wedge \neg Q) \rightarrow R$		$\neg P \wedge \neg Q \wedge \neg R$
$(P \vee Q) \wedge R$		—		$(P \vee Q) \rightarrow \neg R$
$(P \wedge Q) \vee R$		$(\neg P \vee \neg Q) \rightarrow R$		$(\neg P \vee \neg Q) \wedge \neg R$
$(P \vee Q) \rightarrow R$		$(\neg P \wedge \neg Q) \vee R$		$(P \vee Q) \wedge \neg R$
$(P \wedge Q) \rightarrow R$		$(\neg P \vee \neg Q) \vee R$		$(P \wedge Q) \wedge \neg R$
$R \rightarrow (P \wedge Q)$		$\neg R \vee (P \wedge Q)$		$R \wedge (\neg P \vee \neg Q)$
$R \rightarrow (P \vee Q)$		$\neg R \vee (P \vee Q)$		$R \wedge (\neg P \wedge \neg Q)$

母题剖析

【例7】总经理：根据本公司目前的实力，我主张环岛绿地和宏达小区这两项工程至少上马一个，但清河桥改造工程不能上马。董事长：我不同意。

以下哪项，最为准确地表达了董事长实际同意的意思？

A. 环岛绿地、宏达小区和清河桥改造这三个工程都上马。

B. 环岛绿地、宏达小区和清河桥改造这三个工程都不上马。

C. 环岛绿地和宏达小区两个工程中至多上马一个，但清河桥改造工程要上马。

D. 环岛绿地和宏达小区两个工程至多上马一个，如果这点做不到，那也要保证清河桥改造工程上马。

E. 环岛绿地和宏达小区两个工程都不上马，如果这点做不到，那也要保证清河桥改造工程上马。

【答案】E

考点分析	多肢复合判断的矛盾转换（☆☆）	
步骤详解	
第一步	读问题，观察主要信息"董事长实际同意的意思"，故需找到董事长的话
第二步	先精准定位，"董事长：我不同意"，即要对不同意的观点做矛盾转换；再将前者的话转换为公式"（环岛绿地∨宏达小区）∧¬清河桥"
第三步	对原公式做矛盾转换，"（环岛绿地∨宏达小区）→清河桥"
第四步	对应选项，选项E正确：¬（¬环岛绿地∧¬宏达小区）→清河桥＝（环岛绿地∨宏达小区）→清河桥

小贴士

做多次矛盾转换时，需要把公式看作一个整体，一步一步转换。

【例8】小张是某公司营销部的员工。公司经理对他说："如果你争取到这个项目，我就奖励你一台笔记本电脑或者给你项目提成。"

以下哪项如果为真，说明该经理没有兑现承诺？

A. 小张没有争取到这个项目，该经理没有给他项目提成，但送了他一台笔记本电脑。
B. 小张没有争取到这个项目，该经理没奖励给他笔记本电脑，也没给他他项目提成。
C. 小张争取到了这个项目，该经理给他项目提成，但并未奖励他笔记本电脑。
D. 小张争取到了这个项目，该经理奖励他一台笔记本电脑并给他三天假期。
E. 小张争取到了这个项目，该经理未给他项目提成，但奖励了他一台台式电脑。

【答案】E

考点分析	多肢复合判断的矛盾转换（☆☆）
步骤详解	
第一步	读问题，观察主要信息"经理没有兑现承诺"，故需对原话做矛盾转换
第二步	先精准定位经理的话，"如果你争取到这个项目，我就奖励你一台笔记本电脑或者给你项目提成"，再将其转换为公式"争取项目→（笔记本电脑∨项目提成）"
第三步	对原公式做矛盾转换，"争取项目∧（ㄱ笔记本电脑∧ㄱ项目提成）"
第四步	对应选项，选项E正确

 小贴士

在判断转换的过程中，需要注意细节性的表述，ㄱA的情况也可以表示为除了A以外的其他情况，如本题中的"ㄱ笔记本电脑"="台式电脑"。

二、多个复合判断的分析推理

（一）原理

1. 全部满足取交集

前提	分解	方法	结论
满足 A→B =ㄱA∨B	ㄱA∧ㄱB	求交集	ㄱA∧B
	A∧B		
	ㄱA∧B		
满足 A∀B	ㄱA∧B		
	A∧ㄱB		

2. 谁不满足矛盾谁

前提	分解	方法	结论
不满足 A ∧ 非B ><⌐A∨B	⌐A∧⌐B	求交集	⌐A∧B
	A∧B		
	⌐A∧B		
满足A∀B	⌐A∧B		
	A∧⌐B		

母题剖析

【例9】李明、王兵、马云三位股民对股票A和股票B分别做了如下预测：

李明：只有股票A不上涨，股票B才不上涨。

王兵：股票A和股票B至少有一个不上涨。

马云：股票A上涨当且仅当股票B上涨。

若三人的预测都为真，则以下哪项符合他们的预测？

A.股票A上涨，股票B才不上涨。

B.股票A不上涨，股票B上涨。

C.股票A和股票B均上涨。

D.股票A和股票B均不上涨。

E.只有股票A上涨，股票B才不上涨。

【答案】D

考点分析	多肢复合判断的分析推理（☆☆）		
步骤详解			
第一步	读问题，观察主要信息"三人的预测均为真""符合他们的预测"，故需对题干中的所有要求做交集分析
第二步	将题干信息转换为公式：李明：B不上涨→A不上涨=B上涨∨A不上涨 王兵：股票A不上涨∨股票B不上涨 马云：股票A上涨=股票B上涨
第三步	对题干进行具体分析，取公式中的交集。李明与王兵的交集为"B上涨∧A不上涨""股票A不上涨∨股票B不上涨"，再结合马云的情况，可以得出"股票A不上涨∨股票B不上涨"的结论
第四步	对应选项，选项D正确

小贴士

取交集时，尤其要注意"当且仅当"，前后肢命题为互相推理的关系，即"一方成立，另一方必然成立；一方不成立，另一方必然不成立"。

【例10】2010年上海世博会盛况空前，200多个国家场馆和企业主题馆让人目不暇接。大学生王刚决定在学校放暑假的第二天前往世博会参观。前一天晚上，他特别上网查看了各位网友对热门场馆选择的建议，其中最吸引王刚的有三条：

（1）如果参观沙特馆，就不参观石油馆。

（2）石油馆和中国国家馆择一参观。

（3）中国国家馆和石油馆不都参观。

实际上，第二天王刚的世博会行程非常紧凑，他没有接受上述三条建议中的任何一条。

关于王刚所参观的热门场馆，以下哪项描述正确？

A. 参观沙特馆、石油馆，没有参观中国国家馆。

B. 沙特馆、石油馆、中国国家馆都参观了。

C. 沙特馆、石油馆、中国国家馆都没有参观。

D. 没有参观沙特馆，参观石油馆和中国国家馆。

E. 没有参观石油馆，参观沙特馆、中国国家馆。

【答案】B

考点分析	多肢复合判断的分析推理（☆☆）
步骤详解	
第一步	读问题，观察主要信息"没有接受上述三条建议中的任何一条"，故需对题干中的所有要求先做矛盾转换再做交集分析
第二步	将题干信息转换为公式： （1）参观沙特馆→不参观石油馆><参观沙特馆∧参观石油馆 （2）石油馆∀中国国家馆><（石油馆∧中国国家馆）∨（¬中国国家馆∧¬石油馆） （3）¬中国国家馆∨¬石油馆><（石油馆∧中国国家馆）
第三步	矛盾后的"∧"命题要都成立，那么每个肢判断也都应该成立，故王刚要参观"沙特馆、石油馆、中国国家馆"
第四步	对应选项，选项B正确

 小贴士

取交集时，遇到"∧"命题成立的情况，需使得肢命题同时都成立。

拓展测试

【拓展1】某高校招收专业学位研究生，条件是：有实际工作经验，并且工科专业课考试或者管理专业课考试优秀。小王没有被学校录取，那是由于：

A. 如果小王有实际工作经验，那么他的工科专业课考试和管理专业课考试都不优秀。

B. 小王只有工科专业课考试和管理专业课考试优秀，才会有实际工作经验。

C. 小王有实际工作经验，工科专业课考试不优秀。

D. 小王有实际工作经验，管理专业课考试不优秀。

E. 小王有实际工作经验，但他工科专业课考试不优秀或者管理专业课考试不优秀。

【拓展2】只有具有一定文学造诣且具有生物学专业背景的人才能读懂这篇文章。

如果上述命题为真，以下哪项不可能为真？

A. 小张没有读懂这篇文章，但他的文学造诣是大家所公认的。

B. 计算机专业的小王没有读懂这篇文章。

C. 从未接触过生物学知识的小李读懂了这篇文章。

D. 小周具有生物学专业背景，但他没有读懂这篇文章。

E. 生物学博士小赵读懂了这篇文章。

【拓展3】李明、王兵、马云三位股民对股票A和股票B分别做了如下预测：

李明：只有股票A不上涨，股票B才上涨。

王兵：股票A和股票B至少有一个不上涨。

马云：要么股票A上涨要么股票B上涨。

若三人的预测都为假，则以下哪项符合实际的预测？

A. 股票A上涨，股票B才不上涨。

B. 股票A不上涨，股票B上涨。

C. 股票A和股票B均上涨。

D. 股票A和股票B均不上涨。

E. 只有股票A上涨，股票B才上涨。

参考答案及解析

【拓展1】 A

【解析】题干中的大前提：只有有实际工作经验，并且工科专业课考试优秀或者管理专业课考试优秀，才能被录取。要推出的结论是：小王没有被录取。该结论是对大前提的后件的否定，要求增加的前提能够起到否定前件的作用。选项A正好能够起到这样的作用。该项意味着，或者小王没有实际工作经验，或者他的工科专业课考试和管理专业课考试都不优秀。因此，选项A正确。

【拓展2】 C

【解析】题干可以简化为：读懂→（文学∧生物）。题干命题中的"具有文学造诣"和"具有生物学专业背景"是"读懂这篇文章"两个必要条件，缺一不可，选项C不可能为真。因此，选项C当选。

【拓展3】 C

【解析】将题干信息转换为公式：

李明：B上涨→A不上涨=B上涨∨A不上涨。矛盾为：B上涨∧A上涨。

王兵：股票A不上涨∨股票B不上涨。矛盾为：B上涨∧A上涨。

马云：股票A上涨=股票B上涨。矛盾为：①B上涨∧A上涨；②B不上涨∧A不上涨。

因此，选项C正确。

第二章

知识小结

（1）多个肢的复合判断推理：与两肢判断方法一致；整体思维运算，先整体后括号。
（2）多个复合判断的分析推理：①全部满足，取交集；②不满足的，先矛盾再交集。

思维导图

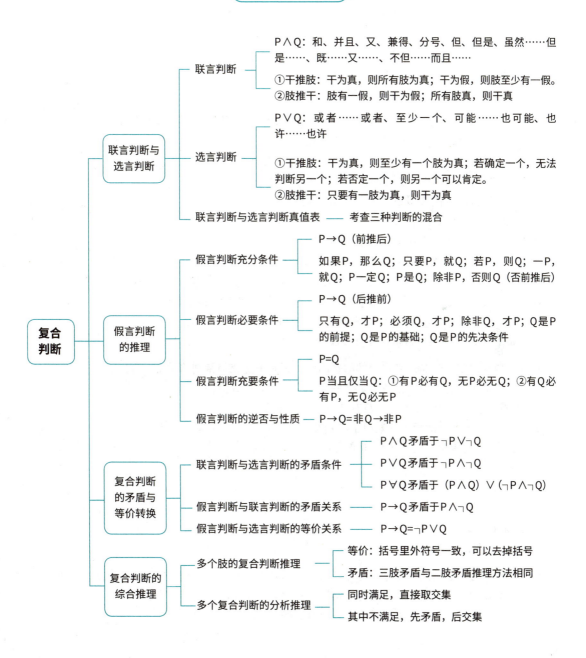

复合判断

- 联言判断与选言判断
  - 联言判断
    - P∧Q：和、并且、又、兼得、分号、但、但是、虽然……但是……、既……又……、不但……而且……
    - ①干推肢：干为真，则所有肢为真；干为假，则肢至少有一假。
    - ②肢推干：肢有一假，则干为假；所有肢真，则干真
  - 选言判断
    - P∨Q：或者……或者、至少一个、可能……也可能、也许……也许
    - ①干推肢：干为真，则至少有一个肢为真；若确定一个，无法判断另一个；若否定一个，则另一个可以肯定。
    - ②肢推干：只要有一肢为真，则干为真
  - 联言判断与选言判断真值表 —— 考查三种判断的混合

- 假言判断的推理
  - 假言判断充分条件
    - P→Q（前推后）
    - 如果P，那么Q；只要P，就Q；若P，则Q；一P，就Q；P一定Q；P是Q；除非P，否则Q（否前推后）
  - 假言判断必要条件
    - P→Q（后推前）
    - 只有Q，才P；必须Q，才P；除非Q，才P；Q是P的前提；Q是P的基础；Q是P的先决条件
  - 假言判断充要条件
    - P=Q
    - P当且仅当Q：①有P必有Q，无P必无Q；②有Q必有P，无Q必无P
  - 假言判断的逆否与性质 —— P→Q＝非Q→非P

- 复合判断的矛盾与等价转换
  - 联言判断与选言判断的矛盾条件
    - P∧Q矛盾于¬P∨¬Q
    - P∨Q矛盾于¬P∧¬Q
    - P∀Q矛盾于（P∧Q）∨（¬P∧¬Q）
  - 假言判断与联言判断的矛盾关系 —— P→Q矛盾于P∧¬Q
  - 假言判断与选言判断的等价关系 —— P→Q＝¬P∨Q

- 复合判断的综合推理
  - 多个肢的复合判断推理
    - 等价：括号里外符号一致，可以去掉括号
    - 矛盾：三肢矛盾与二肢矛盾推理方法相同
  - 多个复合判断的分析推理
    - 同时满足，直接取交集
    - 其中不满足，先矛盾，后交集

章节测试

扫码观看
章节测试讲解（上）

扫码观看
章节测试讲解（下）

1. 对于像中国这样一个已经启动改革的国家，如果出现贫富分化，则说明改革失败。改革的前途除了成功和失败，没有其他可能。

   则以下各项针对中国的断定均符合题干，除了：

   A. 只有改革失败，才会出现贫富分化。

   B. 只有改革成功，才能避免贫富分化。

   C. 除非改革失败，否则不会出现贫富分化。

   D. 改革成功和贫富分化，这两种局面不可能同时存在。

   E. 只要改革成功，就能不出现贫富分化。

2. 安泰经济管理学院组织了一次校友沙龙会，MBA（3）班几位同学有如下发言：

   张成说："如果我去，王强与李林就一定都会去。"

   王强说："如果我去，那么陈燕与赵希至少有一个人会去。"

   陈燕说："只有不下雨，我才会去。"

   赵希说："只有气温在20摄氏度以下，我才会去。"

   事实上9月20日当天小雨，26摄氏度。

   根据以上文字，下列选项中可以推出的是？

   A. 张成、王强、李林、陈燕与赵希都没有参加校友沙龙会。

   B. 陈燕、赵希没有参加校友沙龙会，但张成、李林与王强参加校友沙龙会。

   C. 陈燕、赵希与王强没有参加校友沙龙会，但张成与李林参加校友沙龙会。

   D. 张成、王强、李林、陈燕与赵希都参加校友沙龙会。

   E. 张成、王强、陈燕与赵希都没有参加校友沙龙会。

3. 校务委员会决定，除非是来自西部的贫困生，否则不能获得特别奖学金。

   以下哪项如果为真，说明校务委员会的上述决定没有得到贯彻？

   Ⅰ. 张珊是来自西部的贫困生，没有获得特别奖学金。

   Ⅱ. 李思是来自东部的学生，获得了特别奖学金。

   Ⅲ. 王武不是贫困生，获得了特别奖学金。

   A. 只有Ⅰ

   B. 只有Ⅱ。

   C. 只有Ⅲ。

   D. Ⅱ和Ⅲ。

   E. Ⅰ、Ⅱ和Ⅲ都不必定是真的。

4. 如果新产品打开了销路，则本企业今年就能实现扭亏为盈。只有引进新的生产线或者对现有设备实行有效的改造，新产品才能打开销路。本企业今年没能实现转亏为盈。

   如果上述断定是真的，则以下哪项也一定是真的？

Ⅰ.新产品没能打开销路。

Ⅱ.没引进新的生产线。

Ⅲ.对现有设备没实行有效的改造。

A.只有Ⅰ。

B.只有Ⅱ。

C.只有Ⅲ。

D.Ⅰ、Ⅱ和Ⅲ。

E.Ⅰ、Ⅱ和Ⅲ都不必定是真的。

5. 东方商学院规定，针对任何一名应届毕业生，除非每门专业课都及格，否则不可能获得国家励志奖学金且获得优秀毕业生推荐资格。

如果上述断定为真，以下哪项最准确地表达了东方商学院的规定？

A. 东方商学院的一名学生，如果有的专业课不及格，那么必然没获得国家励志奖学金或者没获得优秀毕业生推荐资格。

B. 东方商学院的一名应届毕业生，如果有的专业课不及格，那么可能获得国家励志奖学金或获得优秀毕业生推荐资格。

C. 东方商学院的一名应届毕业生，如果必然获得国家励志奖学金且获得优秀毕业生推荐资格，那么有的专业课不及格。

D. 东方商学院的一名应届毕业生，如果必然没获得国家励志奖学金或没获得优秀毕业生推荐资格，那么有的专业课不及格。

E. 东方商学院的一名应届毕业生，如果有的专业课不及格，那么必然没获得国家励志奖学金或者没获得优秀毕业生推荐资格。

6. 老张、老李家都是2019年长丰县重点扶贫家庭，年末县里召开大会，讨论脱贫指标。

副县长说："要么老张家脱贫，要么老李家脱贫。"

团委书记说："老张家不脱贫，那就老李家脱贫。"

县长说："你们俩不用争论了，你们俩的说法一对一错。"

如果上述为真，则以下哪项也一定为真？

A.老李家不脱贫。

B.老张家脱贫或者老孙家脱贫。

C.老李家脱贫并且老张家不脱贫。

D.老李家不脱贫并且老张家脱贫。

E.老李家不脱贫并且老张家不脱贫。

7. 作为一名大学毕业生，如果能够具备较扎实的专业知识和基本的社会交往能力，或者是在就业市场上能够做出适合自己的选择，那么，就不可能找不到自己的位置。小王是一名大学毕业生，他没有找到工作职位。

如果上述陈述为真，以下哪项与题干断定最相符？

A.小王具备了较扎实的专业知识和基本社交能力，但是没有做出适合自己的选择。

B.小王不能同时具备较扎实的专业知识和基本社交能力，并且没有做出适合自己的选择。

C.小王具备较扎实的专业知识和基本社交能力，也做出了适合自己的选择。

D.小王虽然不具备较扎实的专业知识，但是他的社会交往能力很强，而且市场定位很客观。

E. 小王虽然具备了较扎实的专业知识，但是他的社会交往能力很差，而且定位不准。

8. 理智的人不会暴力抗法，除非抗法的后果不比服法更差。

以下哪一项表达的意思与上面的话表达的意思不一致？

A. 只有暴力抗法的后果比服法更差，理智的人才不会暴力抗法。

B. 只有暴力抗法的后果不比服法更差，理智的人才会暴力抗法。

C. 如果暴力抗法的后果比服法更差，理智的人就不会暴力抗法。

D. 如果服法的后果比暴力抗法要好，理智的人就不会暴力抗法

E. 只有服法的后果比暴力抗法差或与其一样，理智的人才会暴力抗法。

9. 人如果过于追求完美，就会疲惫不堪，容易求全苛责于人，使得人生的路越走越窄。所以，我们要面对人生的不完美，正视自己。

以下除了哪项，均符合上述陈述？

A. 如果过于追求完美，那么人生的路可能会越走越窄。

B. 除非过于追求完美，否则人生的路不会越走越窄。

C. 人生的路没有越走越窄，就不会过于追求完美。

D. 只要精神满满，就没有过于追求完美。

E. 容易求全苛责于人的人，才会过于追求完美。

10. 某公司规定，除非该部门每季度工作任务都完成，否则任何工作人员不可能既获得升职又获得加薪。

以下哪项与上述规定的意思最为接近？

A. 任何工作人员如果有某个季度销售任务没完成，必然获得升职，但不能获得加薪。

B. 任何工作人员如果所有季度的销售任务都完成，有可能既获得升职，又获得加薪。

C. 任何工作人员如果有某个季度销售任务没完成，必然既得不到升职，又得不到加薪。

D. 任何工作人员如果有某个季度销售任务没完成，仍有可能获得升职，或者获得加薪。

E. 任何工作人员如果有某个季度销售任务没完成，必然不能获得升职，或者不能获得加薪。

11. 如果这个世界上存在真正的锦鲤，那么"努力"一定是最好的锦鲤。

如果以上断定为真，则以下哪项一定为真？

A. 除非这个世界上存在真正的锦鲤，否则"努力"也不一定是最好的锦鲤。

B. 或者这个世界上不存在真正的锦鲤，或者"努力"一定是最好的锦鲤。

C. 如果这个世界上不存在真正的锦鲤，那么"努力"也一定不是最好的锦鲤。

D. 只要"努力"是最好的锦鲤，这个世界上就存在真正的锦鲤。

E. 或者这个世界上存在真正的锦鲤，或者不需要"努力"就一定能是最好的锦鲤。

12. 在高二（1）班的一次联欢活动中，班主任老师说："小明和小亮都没有参加活动。"班长小杰不同意班主任老师的说法。

以下哪项最为准确地表达了班长小杰的意思？

A. 小明和小亮两人至少来了一个。

B. 小明和小亮两人都来了。

C. 小明和小亮两人都没来。

D. 小明和小亮两人至多来了一个。

E. 小明和小亮以外的人没有参加联欢活动。

13. 李老师说，并非丽丽考上了清华大学并且明明没有考上南京大学。

    如果李老师所说为真，则以下哪项可能为真？

    Ⅰ. 丽丽考上了清华大学，明明考上南京大学。

    Ⅱ. 丽丽没考上清华大学，明明没考上南京大学。

    Ⅲ. 丽丽没考上清华大学，明明考上了南京大学。

    Ⅳ. 丽丽考上了清华大学，明明没有考上南京大学。

    A. 仅Ⅰ和Ⅱ。

    B. 仅Ⅱ和Ⅲ。

    C. 仅Ⅱ、Ⅲ和Ⅳ

    D. Ⅰ、Ⅱ、Ⅲ和Ⅳ。

    E. Ⅰ、Ⅱ、Ⅲ。

14. 某餐馆发生一起谋杀案，经调查：第一，谋杀者或者用的是叉子，或者用的是刀，二者必居其一。第二，谋杀时间或者在午夜12点，或者在凌晨4点。第三，谋杀者或者是甲，或者是乙，二者必居其一。

    如果以上断定是真的，那么以下哪项也一定是真的？

    Ⅰ. 死者不是甲用叉子在午夜12点谋杀的，因此，死者是乙用刀子在凌晨4点谋杀的。

    Ⅱ. 死者是甲用叉子在凌晨4点谋杀的，因此，死者不是乙用叉子在凌晨4点谋杀的。

    Ⅲ. 谋杀的时间是午夜12点，但不是甲用叉子谋杀的，因此，一定是乙用刀子谋杀的。

    A. 仅Ⅰ。

    B. 仅Ⅱ。

    C. 仅Ⅲ。

    D. Ⅰ、Ⅱ和Ⅲ。

    E. Ⅱ和Ⅲ。

15. 一家商场按下述方式促销商品：一年中任何时候，或者有季节性促销，或者有节日促销，或者两者兼而有之。每一种促销都会持续一个月。在任何一个月，如果商场想要把某一类商品清仓，就宣布季节性促销；如果某个月份有节日并且仓库中仍有剩余商品，就宣布节日促销。不过，11月没有节日而且这个月份仓库中也没有剩余商品。

    以下哪项陈述能从上述断定中合乎逻辑地推理出来？

    A. 如果节日促销没有进行，那一定是在11月份。

    B. 如果某个月没有季节性促销，这个月一定有节日促销。

    C. 如果季节性促销在某个月进行，这个月仓库中一定有剩余商品。

    D. 如果在某个月中有节日，但仓库中没有剩余商品，则宣布节日促销。

    E. 一年中只有11月既没有季节性促销，也没有节日促销活动。

16. 老王对老李说："除非你在今天之内按照合同要求支付货款，否则我们法庭上见。"

    以下哪项判断的含义与上述判断不同？

    A. 只有老李今天按照合同的要求支付货款，老王才不会将他告上法庭。

    B. 如果老李今天按照合同的要求支付货款，那么老王不会将他告上法庭。

    C. 如果老李今天不按照合同的要求支付货款，那么老王就会将他告上法庭。

    D. 如果老王没有将老李告上法庭，那么老李在今天按照合同的要求支付货款。

    E. 除非老李今天按照合同的要求支付货款，老王才不会将他告上法庭。

17. 在评价一个企业管理者的素质时，有人说："只要企业能获得利润，其管理者的素质就是好的。"

除了哪一项，以下各项都是对上述看法的质疑？

A. 有时管理层会用牺牲企业长远利益的办法获得近期利润。

B. 有的管理者采取不正当竞争的办法，损害其他企业，获得本企业的利润。

C. 某地的卷烟厂连年利润可观，但在领导层中却挖出了一个贪污集团。

D. 某电视机厂的领导任人唯亲，工厂越办越糟，群众意见很大。

E. 某计算机销售公司近几年获利在同行中名列前茅，但有逃避关税的问题。

18. 天降大雪，多条高速公路纷纷关闭，有些高速公路管理者认为，如果不关闭高速公路，就会发生重大交通事故，给人民生命财产带来巨大损失。但是，很多司机并不同意这种观点。据此，下列哪项判断最有可能是这些司机所同意的观点？

A. 在积有冰雪的高速公路上高速行车，很容易出车祸。

B. 交通事故在所难免，关闭了高速公路，也有可能在普通公路上发生重大交通事故。

C. 不关闭高速公路，也不会发生重大交通事故。

D. 高速公路越关闭，则冰雪越不容易融化；冰雪不容易融化，则高速公路越要关闭。

E. 不关闭高速公路，但发生重大交通事故。

19. 有关专家指出，月饼高糖、高热量，不仅不利于身体健康，甚至演变成了"健康杀手"。月饼要想成为一种健康食品，关键是要从工艺和配料方面进行改良。如果不能从工艺和配料方面进行改良，口味再好，也不能符合现代人对营养方面的要求。

若上述断定为真，则由此不能推出的是：

A. 只要从工艺和配料方面改良了月饼，即使口味不好，也能符合现代人对营养方面的要求。

B. 只有从工艺和配料方面改良了月饼，才能符合现代人对营养方面的要求。

C. 如果月饼符合了现代人对营养方面的要求，说明一定从工艺和配料方面进行了改良。

D. 没有从工艺和配料方面改良月饼，却能符合现代人对营养方面的要求的情况是不可能存在的。

E. 除非从工艺和配料方面改良月饼，否则不能符合现代人对营养方面的需求。

20. 枫林湾是三文鱼产卵繁殖的理想河段。若下游有水电大坝，三文鱼就无法到这里繁殖了。只有枫林湾岸边的树都落光了叶子，三文鱼才会洄游到这里。如果看到许多海雕和棕熊在这片河湾聚集的景象，就会知道三文鱼洄游了。现在的枫林湾出现了很多洄游过来的三文鱼。

根据以上陈述，可以得出哪项？

A. 枫林湾的下游建造了水电大坝。

B. 现在的枫林湾聚集了许多海雕和棕熊。

C. 枫林湾岸边的树叶掉光了。

D. 海雕和棕熊以三文鱼为食。

E. 枫林湾岸边的树叶繁茂美丽。

参考答案及解析

 答案速查

1. B	2. E	3. D	4. A	5. E
6. B	7. B	8. A	9. B	10. E
11. B	12. A	13. E	14. B	15. B
16. B	17. D	18. C	19. A	20. C

答案解析

1. 【答案】B

【解析】根据题干信息可得：改革的前途除了成功和失败，没有其他可能；贫富分化→改革失败＝改革成功→不会出现贫富分化。

选项A：贫富分化→改革失败。与题干断定相符合。

选项B：避免贫富分化→改革成功。与题干断定不符合，因此，选项B是正确答案。

选项C：非改革失败→不出现贫富分化＝贫富分化→改革失败。与题干断定相符合。

选项D：改革成功→不出现贫富分化＝不改革成功∨不出现贫富分化；该选项中的"改革成功∧贫富分化"与题干的判断相矛盾，因此是不可能同时存在的。与题干断定相符合。

选项E：改革成功→不出现贫富分化。与题干断定相符合。

2. 【答案】E

【解析】分析题干信息：

（1）张成：张成去→王强去∧李林去＝王强不去∨李林不去→张成不去；

（2）王强：王强去→陈燕去∨赵希去＝陈燕不去∧赵希不去→王强不去；

（3）陈燕：陈燕去→不下雨＝下雨→陈燕不去；

（4）赵希：赵希去→20摄氏度以下＝20摄氏度以上→赵希不去；

（5）下雨∧26摄氏度。

根据（5），再结合（3）和（4），可得（6）：陈燕不去∧赵希不去；

结合（2）和（6），可得（7）：王强不去；

再结合（7）和（1），可得：张成不去。

因此，张成、王强、陈燕、赵希都没有外出参加校友沙龙会。李林参加与否无法根据题干而确定。因此，选项E正确。

3. 【答案】D

【解析】题干指出"除非是来自西部的贫困生，否则不能获得特别奖学金"＝"不是来自西部的贫困生→不能获得特别奖学金"＝来自西部的贫困生∨不能获得特别奖学金。

校务委员会的上述决定没有得到贯彻，只需找出题干原命题的矛盾命题即可：非（来自西部的贫困生∨不能获得特别奖学金）＝不是来自西部的贫困生∧获得了特别奖学金。

4.【答案】A

【解析】根据题干信息：（1）新产品打开了销路→本企业今年就能实现转亏为盈＝本企业今年没能实现转亏为盈→新产品没打开销路；（2）新产品能打开销路→引进新的生产线或者对现有设备实行有效的改造。

题干指出本企业今年没能实现转亏为盈。根据（1）可知：新产品没打开销路。因此，Ⅰ一定为真。Ⅱ和Ⅲ均无法根据题干已知信息推出。因此，选项A正确。

5.【答案】E

【解析】根据题干信息："除非每门专业课都及格，否则不可能获得国家励志奖学金且获得优秀毕业生推荐资格"＝"不是每门专业课都及格→没能获得国家励志奖学金或者没能获得优秀毕业生推荐资格"。

选项A：题干指出"针对任何一名应届毕业生"，并不是东方商学院的一名学生。

选项B："有的专业课不及格"＝"不是每门专业课都及格"；"不是每门专业课都及格→没能获得国家励志奖学金或者没获得优秀毕业生推荐资格"。选项内容与题干不符合。

选项C：获得国家励志奖学金且获得优秀毕业生推荐资格→每门专业课都及格，因此，选项BC与规定不符合。

选项D："必然没获得国家励志奖学金或没获得优秀毕业生推荐资格"推不出任何结论。

选项E："有的专业课不及格"＝"不是每门专业课都及格"；"不是每门专业课都及格→没能获得国家励志奖学金或者没获得优秀毕业生推荐资格"＝"有的专业课不及格→必然没获得国家励志奖学金或者没获得优秀毕业生推荐资格"。选项E符合题干断定。因此，选项E正确。

6.【答案】B

【解析】根据题干信息：（1）要么老张家脱贫，要么老李家脱贫；（2）老张家不脱贫，那就老李家脱贫＝老张家脱贫∨老李家脱贫。并且县长说："你们俩的说法一对一错。"不相容性选言命题必然是一真一假，如果按照副县长说的来安排，则同时也满足团委书记的安排，因此，一定是按照团委书记的说法来安排的。因此，选项B正确。

7.【答案】B

【解析】根据题干（具备较扎实的专业知识和基本的社会交往能力∨做出适合自己的选择）→找到工作，如今小王没有找到工作，所以箭头前半部分的内容成立，即非P且非Q。因此，选项B正确。

8.【答案】A

【解析】根据题干可知，理智的人不会暴力抗法，除非抗法的后果不比服法更差。根据"非Q→P＝非P→Q"，题干＝理智的人会暴力抗法（Q）→抗法的后果不比服法更差（P）。选项A，非Q→非P，与题干不一致。选项B，Q→P，与题干一致。选项C，非P→非Q，与题干一致。选项D，非P→非Q，与题干一致。选项E，Q→P，与题干一致。因此，选项A当选。

9.【答案】B

【解析】过于追求完美→疲惫不堪，求全苛责于人→人生的路越走越窄。选项B否定前面的内容，无法推出。

10.【答案】E

【解析】题干为￢该部门每季度工作任务都完成→￢（获得升职∧获得加薪）＝￢该部门每季度工作任务都完成→（￢获得升职∨获得加薪）。因此，选项E正确。

11.【答案】B

【解析】根据P→Q=￢P∨Q，存在真正的锦鲤→"努力"一定是最好的锦鲤=￢存在真正的锦鲤∨"努力"一定是最好的锦鲤。因此，选项B正确。

12.【答案】A

【解析】本题考点为联言命题矛盾。题干：￢（小明没参加∧小亮没参加）=小明参加∨小亮参加。因此，选项A正确。

13.【答案】E

【解析】本题考点为联言命题矛盾。题干：￢（丽丽考上清华∧明明没有考上南大）。其矛盾为丽丽考上清华∨￢明明没有考上南大，因此排除Ⅳ，其他均可能真。因此，选项E正确。

14.【答案】B

【解析】本题考点为联言命题矛盾。Ⅰ.￢（甲∧叉子∧午夜12点）=￢甲∨￢叉子∨￢午夜12点。选言命题为真时，并不能确定哪一个肢为真，因此不能得出三个肢均为真，也就不能得出死者一定是乙用刀子在凌晨4点谋杀的。Ⅱ.甲∧叉子∧凌晨4点为真，即甲、叉子、凌晨4点分别为真，结合题干可知甲∀乙，因此，可推出￢乙，因此，￢（乙∧叉子∧凌晨4点）为真。Ⅲ.￢（甲∧叉子）=￢甲∨￢叉子。选言命题为真时，并不能确定哪一个肢为真，因此不能得出两个肢均为真，也就不能得出死者一定是乙用刀子谋杀的。因此，选项B正确。

15.【答案】B

【解析】本题考点为选言命题推理。题干：季节性促销∨节日促销=￢季节性促销→节日促销。因此，选项B正确。

16.【答案】B

【解析】本题考点为假言逆否等价。题干：￢按合同支付货款→法庭见。选项A，￢法庭见→按合同支付货款，和题干逆否等价。选项B，按合同支付货款→￢法庭见，无法推出。选项C，￢按合同支付货款→法庭见，和题干等价。选项D，￢法庭见→按合同支付货款，和题干逆否等价。选项E，￢法庭见→按合同支付货款，和题干逆否等价。因此，选项B正确。

17.【答案】D

【解析】本题考点为假言命题矛盾。题干：获得利润→管理者素质好。矛盾：获得利润∧￢管理者素质好。选项D，越办越糟不是矛盾。因此，选项D正确。

18.【答案】C

【解析】本题考点为假言命题矛盾。题干：￢（不关闭→交通事故）=不关闭∧￢交通事故。因此，选项C正确。

19.【答案】A

【解析】本题考点为假言逆否等价与假言命题矛盾。题干：￢改良→￢符合营养。选项A，改良→符合营养，无法推出。选项B，符合营养→改良，和题干逆否等价。选项C，符合营养→改良，和题干逆否等价。选项D，￢（￢改良∧符合营养）=￢改良→￢符合营养。选项E，￢改良→￢符合营养，和题干等价。因此，选项A当选。

20.【答案】C

【解析】本题考点为逆否命题的有效无效。根据题干可知：（1）下游有水电大坝→三文鱼就无法到这里繁殖；（2）三文鱼洄游→叶子落光；（3）海雕和棕熊聚集→三文鱼洄游。确定信息为"三文鱼洄游"，根据（2）得出"叶子落光"。因此，选项C正确。

第三章　简单判断

考点考频分析

考点	频率	难度	知识点
直言判断与模态判断的负判断	中	☆	直言判断的两个维度 直言判断六个标准形式 模态判断的一个维度 负判断转换公式（口诀）
直言判断之间的关系与推理	低	☆☆	对当六边阵的矛盾与反对关系 对当六边阵的推理关系
直言判断的推理	中	☆☆	直言判断的换位与逆否

 考点一　直言判断与模态判断的负判断

一、直言判断的形式

（一）判断的定义

1. 判断
判断是对事物情况有所断定的思维形式（也称"命题"）。
例如：（1）国足的表现很稳定。
　　　（2）所有男人都打游戏。
　　　（3）苏州去年12月的天气是"包月制"的。
　　　（4）并非我们班级有的同学不能考上。
　　　（5）没可能刘老师线上班的学生逻辑考试低于40分。

2. 判断与语句
同一个判断可以用不同的语言表达。
例如，所有年轻人都不靠谱。
　　　（1）并非有的年轻人是靠谱的。
　　　（2）靠谱的年轻人是不存在的。
　　　（3）嘴上无毛，办事不牢。

（二）直言判断的定义与形式

1. 直言判断的两个维度
（1）直言判断是针对特定范围内的某个对象是否具有某种属性的判断。

（2）标准形式：（范围）＋（对象）＋（肯定/否定）＋（属性）。

例如：①所有MBA考生都很富有。

　　　②有些女生喜欢帅哥。

（3）范围词。

全称：所有、都、全部、任何、一切、每一个、凡是都；

特称：有些、有的、部分、大多数、极少数、至少一个、百分数；

单称：某个、某人、某个明确的群体对象。

2. 直言判断的六个标准形式

名称	范围	对象	肯定与否定	属性	逻辑简称
全称肯定判断	所有	女生	都是	美女	所有S都是P
全称否定判断	所有	小学生	都不是	成年人	所有S都不是P
特称肯定判断	有些	急性子	是	山炮	有些S是P
特称否定判断	有些	中国人	不是	党员	有些S不是P
单称肯定判断	—	小明	是	名人	这个S是P
单称否定判断	—	一班	不是	少年班	这个S不是P

二、模态判断的一个维度

模态判断是含有**"必然""可能"**这两种模态词的判断，即断定可能性和必然性的判断。

例如：（1）小明可能是"妻管严"。

　　　（2）老王必然藏有私房钱。

　　　（3）这周不可能不下雨。

　　　（4）有些旧事物不一定能战胜新事物。

三、简单判断的负判断

（一）简单判断的三个维度

维度一：范围——所有 vs 有些

维度二：模态——必然 vs 可能

维度三：肯定/否定——是 vs 不是

（二）负判断的标志词

1. 标志词

不……、并非……、不是……、非……、……是假的、……不可能为真。

2. 负判断的等价标准

负判断	等价标准
并非所有S都是P	有的S不是P
并非所有的雪都是白色的	有的雪不是白色的

续表

负判断	等价标准
并非有些S是P	所有S都不是P
并非有些雪是白色的	所有的雪都不是白色的

3. 转换口诀

（1）出现一"不"画单桥，"不"的后面全改变，"不"的前面都不变。
（2）出现两"不"可抵消，中间改变后不变。

小试牛刀

负判断	转换标准
不可能所有运动员都有洪荒之力	必然有的运动员没有洪荒之力
运动员不可能都有洪荒之力	有的运动员必然没有洪荒之力
运动员可能不都有洪荒之力	有的运动员可能没有洪荒之力
并非不可能运动员都有洪荒之力	可能运动员都有洪荒之力
并非不必然有的运动员有洪荒之力	必然有的运动员有洪荒之力
并非有的运动员不可能有洪荒之力	所有的运动员可能都有洪荒之力
并非所有的运动员不必然有洪荒之力	有的运动员必然有洪荒之力
没有洪荒之力的运动员不可能获得金牌	没有洪荒之力的运动员必然不获得金牌
不可能所有没有洪荒之力的运动员夺金牌	必然有的没有洪荒之力的运动员不夺得金牌

母题剖析

【例1】某公司人力资源管理部人士指出：由于本公司招聘职位有限，在本次招聘考试中不可能所有的应聘者都被录取。

基于以下哪项可以得出该人士的上述结论？

A. 在本次招聘考试中，可能有应聘者被录用。
B. 在本次招聘考试中，可能有应聘者不被录用。
C. 在本次招聘考试中，必然有应聘者不被录用。
D. 在本次招聘考试中，必然有应聘者被录用。
E. 在本次招聘考试中，可能有应聘者被录用，也可能有应聘者不被录用。

【答案】C

考点分析	简单判断的负判断转换（☆）	
步骤详解		
第一步	读问题，观察主要信息"基于以下哪项可以得出"	
第二步	筛选题干中有用（重要）的信息，"在本次招聘考试中不可能所有的应聘者都被录取"是简单判断的负判断，再结合选项，基本可以断定本题考查负判断的转换	

续表

	步骤详解
第三步	先找负词"不"的位置与数量，本题中只有一个负词；再转换其后的内容"可能变为必然""所有变为有的""被录取变为不被录取"。转换后的句子为"必然有的应聘者不被录取"
第四步	对应选项，选项C正确

 小贴士

在负判断转换的过程中，"模态词"往往会被忽略，要特别注意！

【例2】唐代韩愈在《师说》中指出："孔子曰：三人行，则必有我师。是故弟子不必不如师，师不必贤于弟子，闻道有先后，术业有专攻，如是而已。"

根据上述韩愈的观点，可以得出以下哪项？

A. 有的弟子必然不如师。　　　　　　　B. 有的弟子可能不如师。

C. 有的师不可能贤于弟子。　　　　　　D. 有的弟子可能不贤于师。

E. 有的师可能不贤于弟子。

【答案】E

考点分析	简单判断的负判断转换（☆☆）
	步骤详解
第一步	读问题，观察主要信息"可以得出以下哪项"
第二步	筛选题干中有用（重要）的信息，本题为文言文的形式，在翻译上增加了难度，但结合选项来看，主要的考查信息集中在"是故弟子不必不如师，师不必贤于弟子"。本题同样需要用负判断转换的方法来做题
第三步	转换"弟子不必不如师"： 先找负词"不"的位置与数量，本题中有两个负词；再转换其中间部分的内容"必然变为可能""如师"不做改变。因此排除选项AB
第四步	转换"师不必贤于弟子"： 先找负词"不"的位置与数量，本题中有一个负词；再转换其后的内容"必然变为可能""贤于变为不贤于"。因此，选项E正确

 小贴士

文言文的出题形式一般不会过于复杂，通过对比选项的方法定位考点即可！

 拓展测试

【拓展1】不可能所有的错误都能避免。

以下哪项最接近于上述断定的含义？

A. 所有的错误必然都不能避免。

B. 所有的错误可能都不能避免。

C. 有的错误可能不能避免。

D. 有的错误必然能避免。

E. 有的错误必然不能避免。

【拓展2】 所有的错误决策都不可能不付出代价，但有的错误决策可能不造成严重后果。

如果上述断定为真，则以下哪项一定为真？

A. 有的正确决策也可能付出代价，但所有的正确决策都造成严重后果。

B. 有的错误决策不必然要付出代价，但所有的错误决策都不一定造成严重后果。

C. 所有的正确决策都不可能付出代价，但有的正确决策也可能不造成严重后果。

D. 有的错误决策必然要付出代价，但所有的错误决策不可能造成严重后果。

E. 所有的错误决策都必然要付出代价，但有的错误决策不一定造成严重后果。

【拓展3】 有球迷喜欢所有参赛球队。

如果上述断定为真，则以下哪项不可能为真？

A. 所有参赛球队都有球迷喜欢。

B. 有球迷不喜欢所有参赛球队。

C. 所有球迷都不喜欢有的参赛球队。

D. 有球迷不喜欢某个参赛球队。

E. 每个参赛球队都受到了所有球迷的喜欢。

参考答案及解析

【拓展1】 E

【解析】 本题找"最接近上述断定含义的"，即将负判断转换为标准判断。需先找到负词"不"的位置，再转换其后句子的内容，"可能"变为"必然"、"所有"变为"有的"、"能避免"转变为"不能避免"，故"不可能所有的错误都能避免"转变为"必然有的错误不能避免"。因此，对应答案，选项E正确。

【拓展2】 E

【解析】 本题找"上述断定为真，哪项也为真"，即将原题干中的负判断转换为标准判断。需先找到负词"不"的位置，再转换其后句子的内容，"可能"变为"必然"，故"所有的错误决策都不可能不付出代价"转变为"所有的错误决策都必然付出代价"。因此，对应答案，选项E正确。

【拓展3】 C

【解析】 本题找"不可能为真"，即找"一定为假"的选项。而题干中为简单判断的标准形式，若需转变真假，可将原命题转变为负判断，即在原命题的基础上添加"并非"。故"并非有球迷喜欢所有参赛球队"可转换为"所有球迷不喜欢有的参赛球队"。因此，对应答案，选项C正确。

第三章

知识小结

（1）判断：能判断出真假性的句子。

（2）直言判断：（范围）＋（对象）＋（肯定/否定）＋（属性）。

（3）负判断的转换：①出现一"不"画单桥，"不"的后面全改变，"不"的前面都不变；②出现两"不"可抵消，中间改变后不变。

考点二　直言判断之间的关系与推理

一、对当六边阵与其矛盾关系

（一）六边阵的模型图

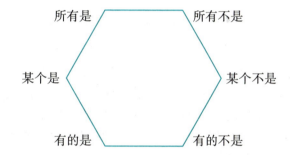

（二）矛盾关系

六边阵中对角线的两组命题互为矛盾，即"所有的S都是P"与"有的S不是P"为矛盾关系；"所有的S不是P"与"有的S是P"为矛盾关系；"某个S是P"与"某个S不是P"为矛盾关系。

矛盾关系的本质：两者必然一真一假。

即①一方为真，则另一方必假；一方为假，则另一方必真。

②一方不确定，则另一方也不确定。

注意

必须保证判断和判断的对象与属性完全一致，这样才可以在同个六边阵中使用它们。

母题剖析

【例3】有人说："哺乳动物都是胎生的。"

以下哪项最能驳斥上述判断？

A. 也许有的非哺乳动物是胎生的。

B. 可能有的哺乳动物不是胎生的。

C. 没有见到过非胎生的哺乳动物。

D. 非胎生的动物不可能是哺乳动物。

E. 鸭嘴兽是哺乳动物，但不是胎生的。

【答案】E

考点分析	直言判断之间的关系推理（☆☆）
步骤详解	
第一步	读问题，观察主要信息"哪项最能反驳上述判断"，故需做原判断的矛盾
第二步	题干中的"哺乳动物都是胎生的"为全称肯定判断，其对应的矛盾关系为特称否定命题，即"有的哺乳动物不是胎生的"
第三步	对应选项，选项E中的"鸭嘴（有的）"哺乳动物不是胎生的。因此，选项E正确

 小贴士

在简单判断的表述中，无论1个还是2个还是3个，均可称为"有的"。

二、对当六边阵的推理关系

在六边阵中，"所有的S都是P"为真时，"某个S是P""有的S是P"均为真；同理，"所有的S都不是P"为真时，"某个S不是P""有的S不是P"也为真。但是，若已知"有的S是P"为真，无法断定这里的"有的"是"某个谁"以及"所有"，故推理不出确定的结论。**故推理关系可记忆为：上真推下真，下真则上不确定。**

六边阵中，"有的S是P"为假时，"所有的S都是P"也为假；而根据矛盾关系可知，"所有的S不是P"为真，又根据上真则下真的推理，"某个S不是P"也为真，故也可得出"某个S是P"为假。但是，"所有的S都是P"为假时，无法确定这里的"有的"是"某个谁"以及"所有"。综上所述，**推理关系可记忆为：下假推上假，上假则下不确定。**

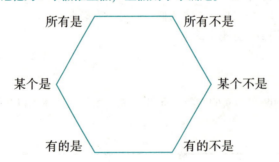

母题剖析

【例4】某县领导参加全县乡的计划生育干部会，临时被邀请上台讲话。由于事先没有做调查研究，也不熟悉县里计划生育的具体情况，只能说些模棱两可、无关痛痒的话。他讲道："在我们县14个乡中，有的乡完成了计划生育指标；有的乡没有完成计划生育指标；李家集乡就没有完成嘛。"在领导讲话时，县计划生育委员会主任手里捏了一把汗，因为领导讲的三句话中有两句不符合实际，真后悔临时拉领导来讲话。

以下哪项正确表示了该县计划生育工作的实际情况？

A. 在14个乡中至少有一个乡没有完成计划生育指标。

B. 在14个乡中除李家集乡外还有别的乡没有完成计划生育指标。

C. 在14个乡中没有一个乡没有完成计划生育指标。

D. 在14个乡中只有一个乡没有完成计划生育指标。

E. 只有李家集乡完成计划生育工作。

【答案】C

考点分析	直言判断之间的推理（☆☆☆）	
题干剖析	题干中主要信息在"在我们县14个乡中，（1）有的乡完成了计划生育指标；（2）有的乡没有完成计划生育指标；（3）李家集乡就没有完成嘛"。这些为同一件事情的讨论，而在题干中已经明确说明"三句话中有两句不符合实际"，故可判断其考查"直言判断之间的推理关系"	
解题步骤	第一步：先画出六边阵，将题干对应的位置标注出来。 第二步：结合推理关系的口诀来判断每个位置的真假：（3）上为真则下（2）也为真命题，但规则为"两句为假，一句为真"，故（3）为假。则其矛盾关系（对角线）为真命题，根据上真推下真，可知（1）为真，（2）为假。 √ （3）× √（1） （2）× 第三步：根据题干要求选择正确的选项	
选项	**解析**	**正误**
A	"至少有一个乡"为"有的乡"，对应（2）的位置，为假命题	排除
B	"还有别的乡没有完成"，对应（2）的位置，为假命题	排除
C	"没有一个乡没有完成"="所有乡都完成了"，对应左上角位置，与（2）为矛盾关系，故为真命题	正确
D	在六边阵中，左半边的位置均为真命题，故"所有的乡都完成了指标"，那么"只有一个乡没有完成计划生育指标"为假命题	排除
E	"所有的乡都完成了指标"为真，则"只有李家集乡完成计划生育工作"即为假	排除

💡 **小贴士**

出现限定词，如"只有、仅有"等，要注意是否可以准确推出结论。

【例5】所有的神仙都是长生不老的。

如果上述判断为真，则以下哪一项一定为假？

Ⅰ. 神仙不都不是长生不老的。

II．没有神仙是长生不老的。

III．有的神仙不是长生不老的。

A. I、II、III

B. I、II

C. II、III

D. I、III

E. III

【答案】C

考点分析	直言判断之间的推理（☆☆）		
步骤详解			
第一步	读问题，观察主要信息"上述判断为真，哪一项一定为假"，故需关注假命题		
第二步	画出对当六边阵，将题干中的信息对应在六边阵中；根据推理关系，左上角为真，六边阵的左半边均为真；右半边均为假 		
第三步	选项的位置对应在六边阵模型中：I．神仙不都不是长生不老的=有的神仙是长生不老的，对应左下角位置，命题为真。II．没有神仙是长生不老的=所有的神仙都不是长生不老的，对应右上角位置，命题为假。III．有的神仙不是长生不老的，对应右下角位置，命题为假		
第四步	对应选项，选项C正确		

💡 小贴士

出现负判断之后要转换为标准判断，再应用到对当六边阵中进行真假推理。

拓展测试

【拓展1】专家说："所有金属都是固体。"

以下哪项最能反驳专家？

A. 也许有的非金属是固体。

B. 可能有的金属不是固体。

C. 日常生活中还没有发现不是金属的固体。

D. 水银是金属，但不是固体。

E. 桃木不是金属，但是桃木是固体。

【拓展2】甲、乙、丙、丁是同学。

甲说："我班同学都是团员。"

乙说："丁不是团员。"

丙说："我班有人不是团员。"

丁说："乙也不是团员。"

如果以上只有一人说假话，则可推出以下哪项断定是真的？

A. 说假话的是甲，乙不是团员。　　　B. 说假话的是乙，丙不是团员。

C. 说假话的是丙，丁不是团员。　　　D. 说假话的是丁，乙是团员。

E. 说假话的是甲，丙不是团员。

【拓展3】北方人不都爱吃面食，但南方人都不爱吃面食。

如果已知上述第一个断定真，第二个断定假，则以下哪项据此不能确定真假？

Ⅰ. 北方人都爱吃面食，有的南方人也爱吃面食。

Ⅱ. 有的北方人爱吃面食，有的南方人不爱吃面食。

Ⅲ. 北方人都不爱吃面食，南方人都爱吃面食。

A. 只有Ⅰ。　　　　　　　　　　　　B. 只有Ⅱ。

C. 只有Ⅲ。　　　　　　　　　　　　D. 只有Ⅱ和Ⅲ。

E. Ⅰ、Ⅱ和Ⅲ。

【拓展4】某仓库失窃，四个保管员涉嫌被传讯。四人的口供如下：

甲：我们四人都没作案。

乙：我们中有人作案。

丙：乙和丁至少有人没作案。

丁：我没作案。

如果四人中有两人说的是真话，有两人说的是假话，那么以下哪项断定成立？

A. 说真话的是甲和丙。　　　　　　　B. 说真话的是甲和丁。

C. 说真话的是乙和丙。　　　　　　　D. 说真话的是乙和丁。

E. 说真话的是丙和丁。

参考答案及解析

【拓展1】　D

【解析】本题中找"最能反驳专家"的选项，即找原命题的矛盾关系。原命题"所有金属都是固体"对应六边阵的左上角位置，其矛盾命题（对角线）为"有的金属不是固体"。选项B的"可能"属于模态命题，与题干未完全贴合，而选项D的意恰与其贴合。因此，选项D正确。

【拓展2】　A

【解析】本题中四位同学的话可以放置在对当六边阵中进行推理。

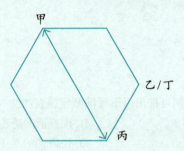

由图可知，甲与丙为矛盾关系，必有一真一假。而本题中的规则为"只有一假"，故乙和丁话为真命题，那么根据"上真则下真"推理，丙话也为真命题。因此，甲话为假命题，且乙不是团员。因此，对应答案，选项A正确。

【拓展3】 D

【解析】 本题中前半句命题为"北方人不都爱吃面食"，需转换为"北方人有的不爱吃面食"，在六边阵中对应的位置为右下角，此命题为真。接着可将选项标注在对应位置（只看前半句表述）。

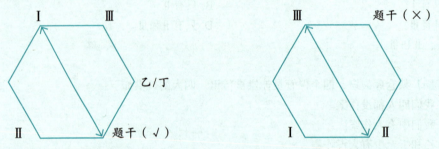

Ⅰ为题干的矛盾关系，故为假命题，因此排除。根据推理规则，Ⅱ、Ⅲ为不确定命题，故需继续推理后半句话的真假性。

同理，将后半句放置六边阵中，题干的位置在右上角，为假命题，而Ⅰ为题干的矛盾关系，故为真命题；根据推理规则，剩余的Ⅱ、Ⅲ为不确定命题，故可得出答案为选项D。

【拓展4】 C

【解析】 本题中四人讨论的是同一件事，也放置在六边阵中进行真假命题的判断。

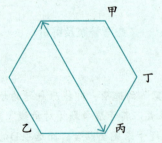

题干中的规则为"四人中有两真两假"，故根据推理规则"上真则下真"，若甲为真，则丁丙均为真，故甲为假命题，其矛盾关系乙为真命题；同理，丁为假命题，则剩余的丙只能为真命题。因此，选项C正确。

> **知识小结**
>
> （1）六边阵的适用：同一件事情同一个对象与属性，方可使用。
>
> （2）六边阵的矛盾关系：矛盾关系的本质为两者必有一真一假：①一方为真，则另一方必假；一方为假，则另一方必真。②一方不确定，则另一方也不确定。
>
> （3）六边阵的真假关系：上真推下真，下真则上不确定；下假推上假，上假则下不确定。

考点三　直言判断的推理

一、符号与公式

（一）符号化

用简写符号来表示判断，再进行推理，以达到有效提高解题效率与正确率的目的。

（1）特称判断用"∧"表示"且"，有的S是P＝S∧P。

（2）全称判断用"→"表示"推出"，所有S都是P＝S→P。

（二）公式原理

（1）特称判断用"∧"表示"且"，只可换位，不可逆否。

表示：有的S是P＝S∧P↔P∧S。

例如，有的帅哥是大叔＝帅哥∧大叔↔大叔∧帅哥＝有的大叔是帅哥。

（2）全称判断用"→"表示"推出"，不可换位，但可逆否。

表示：所有S都是P＝S→P↔非P→非S。

例如，所有中国人都勤劳＝中国人→勤劳↔非勤劳→非中国人＝不勤劳的人不是中国人。

小试牛刀

已知判断"有的老板是有钱人"为真，请判断以下选项的真假。（老板∧有钱人）

判断命题	公式表示
有的有钱人是老板	有钱人∧老板　真命题
有的有钱人不是老板	有钱人∧￢老板　不确定
所有有钱人都是老板	有钱人→老板　不确定
所有有钱人都不是老板	有钱人→￢老板　假命题
老王是有钱人，那么老王是老板	有钱人→老板　不确定

母题剖析

【例6】M大学社会学学院的老师都曾经对甲县某些乡镇进行家庭收支情况调研，N大学历史学院的老师都曾经到甲县的所有乡镇进行历史考察，赵若兮曾经对甲县所有乡镇家庭收支情况进行调研，但未曾到项呈镇进行历史考察；陈北鱼曾经到梅河乡进行历史考察，但从未对甲县家庭收支情况进行调研。

根据以上信息，可以得出以下哪项？

A. 陈北鱼是M大学社会学学院的老师，且梅河乡是甲县的。

B. 若赵若兮是N大学历史学院的老师，则项呈镇不是甲县的。

C. 对甲县的家庭收支情况调研，也会涉及相关的历史考察。

D. 陈北鱼是N大学的老师。

E. 赵若兮是M大学的老师。

【答案】B

考点分析	直言判断的逆否命题（☆☆☆）	
题干剖析	题干中的命题可转换为：公式一：M大学社会学老师→对甲县某乡收支进行调研；公式二：N大学历史老师→对甲县所有乡进行历史考察。题干后半部分是作为确定条件来完成进一步推理的。本题需根据公式来判断逆否命题的有效无效	
解题步骤	第一步：读问题，观察是否有特殊信息； 第二步：分析题干，将题干中的语言转换为逻辑符号，结合确定信息一步推理； 第三步：根据题干要求选择正确的选项	
选项	解析	正误
A	"陈北鱼曾经到梅河乡进行历史考察"，与公式二有关，但得不出任何结论；"陈北鱼从未对甲县家庭收支情况进行调研"，与公式一有关，根据逆否可知"陈北鱼不是M大学社会学学院的老师"	排除
B	"赵若兮未曾到项呈镇进行历史考察"，与公式二相关，故若项呈镇是甲县的，则赵不是N大学历史学院的老师。根据逆否命题可知"若赵是N大学历史学院的老师，则项呈镇不是甲县的"	正确
C	选项C中的甲县的家庭收支情况调研，也会涉及相关的历史考察，无法做出判断	排除
D	"陈北鱼曾经到梅河乡进行历史考察"，与公式二有关，但得不出任何结论	排除
E	根据确定信息"赵若兮曾经对甲县所有乡镇家庭收支情况进行调研"，再结合公式一来看，无法确定"赵若兮是不是M大学社会学老师"	排除

 小贴士

逆否命题的有效无效，必须精准对应"肯前推肯后、否后推否前"的结论。

拓展测试

【拓展1】在中国北部有这样两个村落，赵村所有的人都是在白天祭祀祖先，李庄所有的人都是在晚上才祭祀祖先，我们确信没有既在白天也在晚上祭祀祖先的人。我们也知道李明是晚上祭祀祖先的人。

依据以上信息，以下哪项是对李明身份的正确判断？

A. 李明是赵村的人。　　　　　　　　　B. 李明不是赵村的人。

C. 李明是李庄的人。　　　　　　　　　D. 李明不是李庄的人。

E. 李明既不是赵村的人，也不是李庄的人。

【拓展2】在微波炉清洁剂中加入漂白剂，就会释放出氯气；在浴盆清洁剂中加入漂白剂，也会释放出氯气；在排烟机清洁剂中加入漂白剂，没有释放出任何气体。现有一种未知类型的清洁剂，加入漂白剂后，没有释放出氯气。

根据上述试验，以下哪项关于这种未知类型的清洁剂的断定一定为真？

Ⅰ. 它是排烟机清洁剂。

Ⅱ. 它既不是微波炉清洁剂，也不是浴盆清洁剂。

Ⅲ. 它要么是排烟机清洁剂，要么是微波炉清洁剂或盆浴清洁剂。

A. 只有Ⅰ。　　　　　　　　　　　　　B. 只有Ⅱ。

C. 只有Ⅲ。　　　　　　　　　　　　　D. 只有Ⅰ、Ⅱ。

E. Ⅰ、Ⅱ、Ⅲ。

参考答案及解析

【拓展1】 B

【解析】 本题中所涉及的公式为：（1）赵村→白天祭祀；（2）李庄→晚上祭祀。确定条件为"李明是晚上祭祀的"。由确定条件可进行推理，需结合公式（1）做逆否转换：晚上（¬白天）→¬赵村，故李明不是赵村的人。因此，选项B正确。

【拓展2】 B

【解析】 本题中所涉及的公式为：（1）微波炉清洁剂→氯气；（2）浴盆清洁剂→氯气；（3）排烟机清洁剂→¬氯气。确定条件为"没有释放氯气"。由确定条件可进行推理，需与公式（1）（2）结合做逆否转换：（1）¬氯气→¬微波炉清洁剂；（2）¬氯气→¬浴盆清洁剂。而该清洁剂是否为"排烟机清洁剂"无法推理。因此，选项B正确。

知识小结

（1）特称判断用"∧"表示"且"，只可换位，不可逆否。S∧P↔P∧S。

（2）全称判断用"→"表示"推出"，不可换位，但可逆否。S→P↔非P→非S。

思维导图

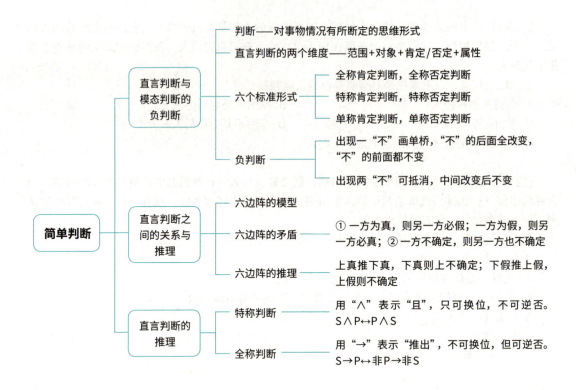

简单判断
- 直言判断与模态判断的负判断
  - 判断——对事物情况有所断定的思维形式
  - 直言判断的两个维度——范围+对象+肯定/否定+属性
  - 六个标准形式
    - 全称肯定判断，全称否定判断
    - 特称肯定判断，特称否定判断
    - 单称肯定判断，单称否定判断
  - 负判断
    - 出现一"不"画单桥，"不"的后面全改变，"不"的前面都不变
    - 出现两"不"可抵消，中间改变后不变
- 直言判断之间的关系与推理
  - 六边阵的模型
  - 六边阵的矛盾
    - ① 一方为真，则另一方必假；一方为假，则另一方必真；② 一方不确定，则另一方也不确定
  - 六边阵的推理
    - 上真推下真，下真则上不确定；下假推上假，上假则不确定
- 直言判断的推理
  - 特称判断
    - 用"∧"表示"且"，只可换位，不可逆否。S∧P↔P∧S
  - 全称判断
    - 用"→"表示"推出"，不可换位，但可逆否。S→P↔非P→非S

章节测试

扫码观看
章节测试讲解（上）

扫码观看
章节测试讲解（下）

1. 在2020年大众电影百花奖评选中，我国演员中有人入围了最佳男主角。
已知上述命题为真，则下列不能确定真假的是？
   Ⅰ. 所有演员都入围了最佳男主角。
   Ⅱ. 李某入围了最佳男主角。
   Ⅲ. 我国演员中有人没入围最佳男主角。
   Ⅳ. 我国演员中没有人入围最佳男主角。
   A. Ⅰ、Ⅱ、Ⅲ、Ⅳ。　　　　　B. Ⅰ、Ⅱ、Ⅲ。
   C. Ⅱ、Ⅲ、Ⅳ。　　　　　　　D. 只有Ⅳ。
   E. Ⅰ、Ⅱ。

2. 甲、乙、丙、丁四人对四个抽屉中的物品进行预测。

甲：有些抽屉中没有书本。

乙：所有抽屉中都有书本。

丙：第二个抽屉中没有钢笔。

丁：第三个抽屉中有信件。

如果四人的断定中只有一项为真，那么以下哪项一定为真？

A. 第二个抽屉中有钢笔。　　　　　　B. 第三个抽屉中有信件。

C. 四个抽屉中都有书本。　　　　　　D. 四个抽屉中都没有书本。

E. 有些抽屉中没有书本。

3. 在一次对全省小煤矿的安全检查后，甲、乙、丙三个安检人员有如下结论：

甲：有小煤矿存在安全隐患。

乙：有小煤矿不存在安全隐患。

丙：大运和宏通两个小煤矿不存在安全隐患。

如果上述三个结论只有一个正确，则以下哪项一定为真？

A. 大运和宏通煤矿都不存在安全隐患。

B. 大运和宏通煤矿都存在安全隐患。

C. 大运存在安全隐患，但宏通不存在安全隐患。

D. 大运不存在安全隐患，但宏通存在安全隐患。

E. 上述断定都不一定为真。

4. 不可能所有的香港人都会讲普通话。

以下哪项判断的含义与上述判断最为接近？

A. 可能所有的香港人都会讲普通话。

B. 可能所有的香港人都不会讲普通话。

C. 必然所有的香港人都不会讲普通话。

D. 必然有的香港人不会讲普通话。

E. 必然有的香港人会讲普通话。

5. 不可能有作案者没有作案动机，但不一定作案者都有作案时间。

以下哪项最符合题干的断定？

A. 作案者都必然有作案动机，但有的作案者可能没有作案时间。

B. 作案者都必然有作案时间，有作案动机的不一定都作案。

C. 作案者都可能有作案动机，不作案者不一定没有作案时间。

D. 有作案动机的都可能是作案者，有作案时间的可能不是作案者。

E. 作案者不必然有作案时间，但可能有作案动机。

6. 心理专家认为，并非所有经常锻炼身体的人身体都必然健康，保持阳光心态，注重心理卫生才能身体健康。

由此可见，以下哪项一定为真？

A. 身体不健康，心理就不健康。

B. 有些经常锻炼身体的人身体可能健康。

C. 不经常锻炼身体的人有些可能是健康的。

D. 有些经常锻炼身体的人身体可能不健康。

E. 不经常锻炼身体的人有些可能不健康。

7. 可能今年有的城市房地产价格会下降。
   据此，我们可以知道：
   A. 可能今年有的城市房地产价格不会下降。
   B. 可能今年所有的城市房地产价格都不会下降。
   C. 必然今年有的城市房地产价格会下降。
   D. 不必然今年所有的城市房地产价格都不会下降。
   E. 不可能今年所有的城市房地产价格都不会下降。

8. 即使天下最勤奋的人，也不可能读完天下所有的书。
   以下哪项是以上陈述的逻辑推论？
   A. 天下最勤奋的人必定读不完天下所有的书。
   B. 天下最勤奋的人不一定能读完天下所有的书。
   C. 天下最勤奋的人有可能读完天下所有的书。
   D. 读完天下所有书的人必定是天下最勤奋的人。
   E. 天下最勤奋的人可能读不完天下所有的书。

9. 今年春晚的收视率之所以那么高，并非必然是节目受到所有人的喜欢。也许是支付宝红包刺激的原因。
   若以上信息为真，则以下哪项也一定为真？
   A. 今年春晚的收视率可能是节目受到了有些人的喜欢。
   B. 今年春晚的收视率高必然不是节目受到有些人的喜欢。
   C. 今年春晚的收视率高必然不是节目受到所有人的喜欢。
   D. 今年春晚的收视率高可能是节目所有人都不喜欢。
   E. 今年春晚的收视率高可能是节目不受到有些人的喜欢。

10. 课间休息的时候，大家都在热烈地讨论今年MBA考试录取问题。一个叫金燕西的同学说："我们班不会有人考不上MBA。"另一个叫冷清秋的同学说："未必。"
    冷清秋的真正意思是什么？
    A. 所有人都必然考上MBA。
    B. 所有人都可能考不上MBA。
    C. 有人考不上MBA。
    D. 所有人都可能考上MBA。
    E. 有人可能考不上MBA。

11. 《伊索寓言》中有这样一段文字：有一只狗习惯于吃鸡蛋。久而久之，它认为"一切鸡蛋都是圆的"。有一次，它看见一个圆圆的海螺，以为是鸡蛋，于是张开大嘴，一口就把海螺吞下肚去，结果肚子疼得直打滚。
    狗误吃海螺是依据下述哪项判断的？
    A. 所有圆的都是鸡蛋。   B. 有些圆的是鸡蛋。
    C. 有些鸡蛋是圆的。   D. 所有的鸡蛋都是圆的。
    E. 有些圆的不是鸡蛋。

12. 经过反复核查，质检员小李向厂长汇报说："726车间生产的产品都是合格的，所以不合格的产品都不是726车间生产的。"

以下哪项和小李的推理结构最为相似?

A. 所有入场的考生都经过了体温测试,所以没有入场的考生都没有经过体温测试。

B. 所有出厂设备都是检测合格的,所以检测合格的设备都已经出厂。

C. 所有已发表的文章都是认真校对过的,所以认真校对过的文章都已发表。

D. 所有真理都是不怕批评的,所以怕批评的都不是真理。

E. 所有不及格的学生都没有好好复习,所以没好好复习的学生都不及格。

13. 所有西宁人都是青海人;所有西宁人都喜欢吃面食;有些青海人喜欢旅游。

如果以上断定成立,那么下列哪项能够从中推出?

Ⅰ. 有些青海人不是西宁人。

Ⅱ. 有些青海人不喜欢旅游。

Ⅲ. 有些西宁人喜欢吃面食。

A. 仅Ⅰ。 B. 仅Ⅱ。

C. 仅Ⅲ。 D. 仅Ⅰ和Ⅲ。

E. 仅Ⅰ和Ⅱ。

14. 高盛银行上海分公司共456名职员国籍情况的信息如下:

(1)所有职员都是英国国籍。

(2)所有职员都不是英国国籍。

(3)总经理助理是英国国籍。

如果以上信息只有一个是假的,则以下哪一项一定为真?

A. 有些职员是中国国籍。 B. 所有职员都不是英国国籍。

C. 有些职员不是英国国籍。 D. 有些职员是英国国籍。

E. 有些人不是外籍职员。

15. 并非有些南方人不可能不喜欢吃面条。

该命题与以下哪项是等价的?

A. 所有南方人可能不喜欢吃面条。

B. 所有南方人可能喜欢吃面条。

C. 所有南方人必然不喜欢吃面条。

D. 所有南方人必然喜欢吃面条。

E. 有些南方人必然不喜欢吃面条。

16. 随着经济的快速发展和人民生活水平的日益提高,人们对生态环境和生活环境质量的要求越来越高。陈教授却断言:"常绿植物不都适合城市绿化。"

如果陈教授的断定为真,则以下哪项不能确定真假?

Ⅰ. 没有一种常绿植物适合城市绿化。

Ⅱ. 大多数常绿植物不适合城市绿化。

Ⅲ. 所有常绿植物都适合城市绿化。

Ⅳ. 罗汉松这种常绿植物不适合城市绿化。

A. 仅Ⅰ和Ⅲ。 B. 仅Ⅱ和Ⅳ。

C. Ⅰ、Ⅱ和Ⅳ。 D. Ⅰ、Ⅱ和Ⅲ。

E. Ⅰ、Ⅱ、Ⅲ和Ⅳ。

参考答案及解析

答案速查

1. B	2. A	3. B	4. D	5. A
6. D	7. D	8. A	9. E	10. E
11. A	12. D	13. C	14. D	15. A
16. C				

答案解析

1. 【答案】B

【解析】本题考点为对当六边阵关系判断。题干指出有人入围为真，因此④一定为假，其他均不确定真假。因此，选项B正确。

2. 【答案】A

【解析】本题考点为对当六边阵关系判断。甲与乙为矛盾关系，必为一真一假，结合规则"只有一真"可知，丙和丁必然为假，因此，选项A正确。

3. 【答案】B

【解析】本题为真话假话题，考点为直言命题对当关系。甲和乙至少有一真，又因为只有一真，因此，丙为假。因此，大运和鸿通至少一个存在安全隐患，所以甲真乙假。因此，所有都存在安全隐患，所以大运和鸿通都存在安全隐患。因此，选项B正确。

4. 【答案】D

【解析】本题考点为负命题等值推理。"可能"变"必然"，"所有"变"有的"，"会"变"不会"。因此，选项D正确。

5. 【答案】A

【解析】本题考点为负命题等值推理。不可能有作案者没有作案动机=必然所有作案者都有作案动机。不一定作案者都有作案时间=可能有的作案者没有作案时间。因此，选项A正确。

6. 【答案】D

【解析】本题考点为负命题等值推理。并非所有经常锻炼身体的人身体都必然健康=有的经常锻炼身体的人可能不健康。因此，选项D正确。

7. 【答案】D

【解析】本题考点为负命题等值推理。选项D，不必然今年所有的城市房地产价格都不会下降=可能今年有的城市房地产价格会下降，与题干一致。因此，选项D正确。

8. 【答案】A

【解析】本题考点为负命题等值推理。不可能读完天下所有的书=必然读不完天下所有的书。因此，选项A正确。

9. 【答案】E

【解析】本题考点为负命题等值推理。先将语句转化为主动形式，并非所有人都必然喜欢节目。"所有"变"有的"，"必然"变"可能"，"喜欢"变"不喜欢"。因此，选项E正确。

10.【答案】E

　　【解析】本题考点为负命题等值推理。未必不会有人考不上MBA=可能有人考不上MBA。因此，选项E正确。

11.【答案】A

　　【解析】本题考点为直言换位推理。题干指出"一切鸡蛋都是圆的"，即鸡蛋→圆的。看见一个圆圆的海螺，以为是鸡蛋，即圆的→鸡蛋。因此，狗误认为所有圆的都是鸡蛋，选项A正确。

12.【答案】D

　　【解析】本题考点为直言换位推理。题干结构：前提：726的产品→合格的，结论：¬合格的→¬726的产品。选项A：前提：入场考生→体温测试，结论：¬入场考生→¬体温测试，和题干不一致；选项B：前提：出厂设备→合格，结论：合格→出厂设备，和题干不一致；选项C：前提：已发表文章→认真校对，结论：认真校对→已发表文章，和题干不一致；选项D：前提：真理→不怕批评，结论：怕批评→¬真理，和题干一致；选项E：前提：不及格→没好好复习，结论：没好好复习→不及格，和题干不一致。

13.【答案】C

　　【解析】本题考点为直言三段论推结论与直言命题对当关系。题干：（1）西宁人→青海人；（2）西宁人→喜欢吃面食；（3）青海人∧喜欢旅游。由（1）可得青海人∧西宁人，"有的是"不能推出"有的不是"，排除Ⅰ；根据（3）"有的是"不能推出"有的不是"，排除Ⅱ；根据（2）得出西宁人→喜欢吃面食。因此，Ⅲ一定真，选项C正确。

14.【答案】D

　　【解析】根据题干的已知信息：三句话中两真一假。（1）和（2）是上反对关系，至少有一假。再结合题干可知：（1）和（2）必定是一真一假；因此，（3）一定为真。

　　再根据（3）一定为真可得：（2）一定为假。因此，（1）和（3）为真，（2）为假。即所有的职员都是英国国籍，因此，选项D正确。

　　【注意】（3）和（2）其实是互为矛盾的。某个是=有的是。"有的是"和"所有都不"根据直言判断的对当六边阵可知，两者是矛盾关系。

15.【答案】A

　　【解析】并非有些南方人不可能不喜欢吃面条。"有些南方人"前有奇数个否定词，因此变为所有南方人。从"可能不喜欢吃面条"整体看待，前面有偶数个否定词，所以不变。综上，变为"所有南方人可能不喜欢吃面条"，选项A正确。

16.【答案】C

　　【解析】选项Ⅰ等价于所有S都不是P，选项Ⅰ不确定真假。由于"有的"表达的范围是"至少有一个，至多全部"，是一个不确定的范围，故无法判断"大多数"的真假。因此，Ⅱ选项不确定真假。选项Ⅲ等价于所有S都是P，选项一定为假。"罗汉松"属于单称，由于"有的"为真时，无法判断"单称"的真假，因此，Ⅳ项无法判断真假。因此，选项C正确。

第四章　演绎推理

考点	频率	难度	知识点
三段论（直言与广义）	中	☆☆	三个推理模型
反三段论	低	☆☆☆	对结论处的矛盾
二难推理	中	☆☆	二元归一与二者择其一

考点一　三段论（直言与广义）

一、三段论的含义解释

三段论是由包含着一个共同词项的两个性质命题为前提，推出另一个性质命题作为结论的推理。

例如，所有金属都是导电的，铜是金属，因此铜是导电的。

二、三个模型（图谱法）

1. 前提：A→B，B→C，结论：A→C

举例1：所有MBA都是管理者，所有管理者都月薪过万。

所以，**所有MBA都是月薪过万的。**

画一画

举例2：如果心情不好，就会找人吵架；如果找人吵架，就需要逻辑学知识。

所以，**如果心情不好，就需要学习逻辑学知识。**

画一画

2. 前提：A→B，C∧A，结论：C∧B

举例1：所有男人都喝酒，有的足球运动员是男人。

所以，**有的足球运动员是喝酒的。**

画一画

举例2：如果刚刚买房，就要"吃土"三年；我班有的同学刚刚买房。

所以，**有的同学要吃土三年。**

画一画

3. 前提：A→B，A→C，结论：B∧C

举例1：所有MBA都会逻辑，所有MBA都有钱。

所以，**有的会逻辑的是有钱的。**

画一画

举例2：如果是金属，那么就会导电；如果是金属，那么都发光。

所以，**有的会导电的是会发光的。**

画一画

小试牛刀 ✖

如果下面判断都为真，能否推出有效结论？如果能，结论是什么？

1. 所有音乐家都是演艺人员，所有低音歌手都是音乐家。
   所有低音歌手都是演艺人员。

2. 所有音乐家都是演艺人员，所有非音乐家都是音乐歌手。
   所有非演艺人员都是音乐歌手。

3. 所有音乐家都是演艺人员，所有低音歌手都不是演艺人员。
   所有低音歌手都不是音乐家。

4. 所有优秀干部都是三好学生，有的女生是优秀干部。
   有的女生是三好学生。

5. 所有优秀干部都是三好学生，有的女生不是三好学生。
   有的女生不是优秀干部。

6. 有的商人是唯利是图的，有的商人是勇于创新的。
   无效推理。

母题剖析

【例1】 绝大部分一夜爆红的歌手具有良好的心理素质，绝大部分一夜爆红的歌手在比赛中取得过第一名，而所有在比赛中取得过第一名的歌手都是高颜值的。

以下哪项陈述，可以从上面的陈述中推出？

A. 某些在比赛中取得过第一名的歌手不是一夜爆红的。

B. 有些一夜爆红的歌手是高颜值的。

C. 所有一夜爆红的歌手都是高颜值的。

D. 大部分高颜值的歌手具有良好的心理素质。

E. 有的高颜值的歌手不是一夜爆红的。

【答案】 B

考点分析	三段论的推理（☆☆）
题干剖析	题干中的命题可转换为：（1）一夜爆红的歌手∧良好的心理素质；（2）一夜爆红的歌手∧取得过第一名；（3）取得第一名的歌手→高颜值
解题步骤	第一步：读问题，观察是否有特殊信息； 第二步：分析题干，将题干中的语言转换为逻辑符号，将公式进行合并重组，可得出：（4）一夜爆红的歌手∧取得第一名的歌手→高颜值； 第三步：根据题干要求选择正确的选项

选项	解析	正误
A	"某些在比赛中取得过第一名的歌手不是一夜爆红的"表示为"取得第一∧不是一夜爆红"，对应公式（2），但推不出	排除
B	"有些一夜爆红的歌手是高颜值的"表示为"一夜爆红∧高颜值"，对应公式（4），为三段论的正确结论	**正确**
C	"所有一夜爆红的歌手都是高颜值的"表示为"一夜爆红→高颜值"，对应公式（4），但"有的A是B"推不出"所有A是B"	排除

续表

选项	解析	正误
D	"大部分高颜值的歌手具有良好的心理素质",与公式(1)(3)有关,但无法推出结论	排除
E	"有的高颜值的歌手不是一夜爆红的",对应公式(4),但"有的A是B"推不出"有的A不是B",故不选	排除

【例2】 有些杰出的说唱歌手是具有艺术细胞的,所有杰出的说唱歌手都是天赋异禀的,有些杰出的说唱歌手是高收入者,有些高收入者是没有文化的人。

根据以上陈述,以下哪一项不一定为真?

A.有些高收入者是杰出说唱歌手。
B.有些杰出说唱歌手不是没有艺术细胞的。
C.所有不具备天赋异禀的都不是杰出的说唱歌手。
D.有些高收入者没有天赋异禀。
E.有些具有天赋异禀的是高收入者。

【答案】D

考点分析	三段论的推理(☆☆)
题干剖析	题干中的命题可转换为:(1)杰出说唱歌手∧具有艺术细胞;(2)杰出的歌手→天赋异禀;(3)杰出说唱歌手∧高收入;(4)高收入∧没有文化
解题步骤	第一步:读问题,观察是否有特殊信息,找"不一定为真"; 第二步:分析题干,将题干中的语言转换为逻辑符号,将公式进行合并重组,可得出:(5)具有艺术细胞∧杰出说唱歌手→天赋异禀;(6)高收入∧杰出说唱歌手→天赋异禀; 第三步:根据题干要求选择正确的选项

选项	解析	正误
A	"有些高收入者是杰出说唱歌手"表示为"高收入者∧杰出说唱歌手",对应公式(3),为换位公式,命题为真	排除
B	"有些杰出说唱歌手不是没有艺术细胞的"表示为"杰出说唱歌手∧有艺术细胞",对应公式(1),为换位公式,命题为真	排除
C	"所有不具备天赋异禀的都不是杰出的说唱歌手"表示为"非天赋异禀→非杰出说唱歌手",对应公式(2),为逆否转换,命题为真	排除
D	"有些高收入者没有天赋异禀"表示为"高收入∧非天赋异禀",与公式(6)有关,但正确结论为"高收入∧天赋异禀"	**正确**
E	"有些具有天赋异禀的是高收入者"表示为"高收入∧天赋异禀",对应公式(6),恰为其正确结论,命题为真	排除

💡 小贴士

"不一定为真"是要找到"可能性的答案",做题时一定要看清楚问题。

【例3】 生态文明建设事关社会发展方式和人民福祉。只有实行最严格的制度、最严密的法治,才能为生态文明建设提供可靠保障;如果要实行最严格的制度、最严密的法治,就要建立责任追究制度，对那些不顾生态环境盲目决策并造成严重后果者，追究其相应的责任。

根据上述信息，可以得出以下哪项？

A. 如果对那些不顾生态环境盲目决策并造成严重后果者追究相应责任，就能为生态文明建设提供可靠保障。

B. 实行最严格的制度和最严密的法治是生态文明建设的重要目标。

C. 如果不建立责任追究制度，就不能为生态文明建设提供可靠保障。

D. 只有筑牢生态环境的制度防护墙，才能造福于民。

E. 如果要建立责任追究制度，就要实行最严格的制度、最严密的法治。

【答案】C

考点分析	三段论的推理（☆☆）	
题干剖析	题干中的命题可转换为：（1）提供可靠保障→最严格的制度、最严密的法治；（2）最严格的制度、最严密的法治→建立责任追究制度，追究其相应的责任	
解题步骤	第一步：读问题，观察是否有特殊信息； 第二步：分析题干，将题干中的语言转换为逻辑符号，将公式进行合并重组，可得出：（3）提供可靠保障→最严格的制度、最严密的法治→建立责任追究制度，追究其相应的责任； 第三步：根据题干要求选择正确的选项	
选项	解析	正误
A	"如果对那些不顾生态环境盲目决策并造成严重后果者追究相应责任，就能为生态文明建设提供可靠保障"表示为"追究相应责任→为生态文明建设提供可靠保障"，对应公式（3），而正确的结论应为"提供可靠保障→追究责任"。故排除	排除
B	材料并未提及"生态文明建设的重要目标"，更不能将其与"最严格的制度、最严密的法治"进行关联。故排除	排除
C	"如果不建立责任追究制度，就不能为生态文明建设提供可靠保障"表示为"¬建立责任追究制度→¬提供可靠保障"，对应公式（3），为结论"提供可靠保障→追究责任制度"的逆否转换，命题为真	正确
D	"只有筑牢生态环境的制度防护墙，才能造福于民"表示为"造福于民→筑牢生态环境的防护墙"，与材料的第一句相关，但不涉及推论关系	排除
E	"如果要建立责任追究制度，就要实行最严格的制度、最严密的法治"表示为"责任追究制度→最严格的制度、最严密的法治"，对应公式（2），但"→"命题不可换位只可逆否，命题不为真	排除

💡 **小贴士**

对于三段论公式的考查，直接对应选项，一般都可找到正确答案。

拓展测试

【拓展1】所有参加此次运动会的选手都是身体强壮的运动员，所有身体强壮的运动员都是很少生病的，但是有一些身体不适的选手参加了此次运动会。

以下哪项不能从上述前提中得出？

A. 有些身体不适的选手极少生病的。

B. 极少生病的选手都参加了此次运动会。

C. 有些极少生病的选手感到身体不适。

D. 有些身体强壮的运动员感到身体不适。

E. 参加此次运动会的选手都是极少生病的。

【拓展2】藏獒是世界上最勇猛的狗，一只壮年的藏獒能与5只狼搏斗。所有的藏獒都对自己的主人忠心耿耿，而所有忠于自己主人的狗也为人所珍爱。

如果上述陈述为真，以下哪项陈述不确定真假？

A. 有些藏獒为人珍爱。

B. 任何不为人珍爱的狗不是藏獒。

C. 世界上有些最勇猛的狗为人所珍爱。

D. 有些忠于自己主人的狗是世界上最勇猛的狗。

E. 有些为人所珍爱的狗不是藏獒。

【拓展3】一个社会只有在经济增长的条件下才能对资源进行公平的分配，要想取得经济增长，该社会必须保障其每个公民的经济机会是均等的，要保障经济机会的均等就必然要求社会的政府去积极地推动它。

如果上文正确，那么从中可适当地得出以下哪个结论？

A. 没有政府可在经济增长的条件下对资源进行公平分配。

B. 所有能够保障其全部成员经济机会均等的社会都是那些公平分配资源的社会。

C. 一个社会只有在其政府积极地推动经济机会均等的条件下才能对资源进行公平分配。

D. 一个社会要取得经济增长就必须保障对资源的公平分配。

E. 一些取得经济增长的社会没能保障其全部公民的机会均等。

参考答案及解析

【拓展1】 B

【解析】本题属于直言判断。根据"所有参加此次运动会的选手都是身体强壮的运动员，身体强壮的运动员都是很少生病的，"只能推出：有些很少生病的选手参加了此次运动会。根据直言判断对当关系可知，选项B是不能必然推出的。因此，选项B正确。

【拓展2】 E

【解析】本题属于直言判断。由"所有的藏獒都对自己的主人忠心耿耿"和"所有忠实于自己主人的狗也为人所珍爱"可得，所有的藏獒都为人所珍爱，换位推理得"有些为人所珍爱的狗是藏獒"，由此不能推出"有些为人所珍爱的狗不是藏獒"，选项E的真假不确定。因此，选项E正确。

【拓展3】 C

【解析】 题干信息可以简化为"公平→经济增长→保障均等→政府积极推动经济"。选项C表示为"公平→政府积极推动经济",其他选项均不能由题干提出。因此,选项C正确。

知识小结

（1）前提：A→B，B→C，结论：A→C。
口诀：方向箭头一致，可无数，结论一推到底。
（2）前提：A→B，C∧A，结论：C∧B。
口诀："∧"只能唯一，"→"一致可无数，结论从头至尾用"∧"连。
（3）前提：A→B，A→C，结论：B∧C。
口诀：箭头往外推，"→"一致可无数，结论从头至尾用"∧"连。

考点二　反三段论

一、反三段论的含义解释

三段论：前提真时结论不可能假。
反三段论的基本思想：如果结论假，那么前提至少有一个是假的。

举例1：
三段论：你的钱包在你的口袋里（前提），你的钱在你的钱包里（前提）。
那么你的钱肯定在你口袋里（结论）。
反三段论：你的钱包在你的口袋里（前提），那么你的钱肯定不在你的口袋里（结论）。
你的钱不在你的钱包里（前提）。

举例2：
三段论：如果我们努力学习法律知识并且重视实践，那么就能提高自己的理解力。
反三段论：如果我们努力学习法律知识但是并没有提高自己的理解力，那么就是我们没有重视实践。

二、反三段论的做题方法

推理结论，对结论做出矛盾转换。
（1）前提：A→B，B→C；结论：A→C；反驳结论：A∧¬C。
（2）前提：A→B，C∧A；结论：C∧B；反驳结论：¬C∨¬B。
（3）前提：A→B，A→C；结论：B∧C；反驳结论：¬B∨¬C。

母题剖析

【例4】一位房地产信息员通过对某地的调查发现：护城河两岸房屋的租金都比较廉价；廉租房都坐落在凤凰山北麓；东向的房屋都是别墅；非廉租房不可能具有廉价的租金；有些单室套的两限房建在凤凰山北麓；别墅也都建筑在凤凰山南麓。

根据该房地产信息员的调查，以下哪项不可能存在？

A. 东向的护城河两岸的房屋。　　　　　B. 凤凰山北麓的两限房。

C. 单室套的廉租房。　　　　　　　　　D. 护城河两岸的单室套。

E. 南向的廉租房。

【答案】A

考点分析	反三段论的推理（☆☆）
题干剖析	题干中的命题可转换为：（1）护城河两岸房屋→租金廉价；（2）廉租房→坐落在凤凰山北麓；（3）东向房屋→别墅；（4）¬廉租房→¬廉价租金；（5）单室套的两限房∧凤凰山北麓；（6）别墅→凤凰山南麓
解题步骤	第一步：读问题，观察是否有特殊信息，"不可能存在"即找"命题为假"的。 第二步：分析题干，将题干中的语言转换为逻辑符号，将公式进行合并重组，可得出：（7）单室套的两限房∧凤凰山北麓（不是南麓）→¬别墅→¬东向；（8）护城河两岸房屋→租金廉价→廉租房→坐落在凤凰山北麓（不是凤南）→¬别墅→¬东向房屋。 第三步：根据题干要求选择正确的选项
选项	解析	正误
A	"东向护城河两岸的房屋"表示为"东向∧护城河两岸房屋"，对应公式（3），"真"结论为"护城河两岸房屋→¬东向房屋"，对应问题所找的"假"命题为"护城河两岸房屋∧东向"。选项A符合选项表述，当选	正确
B	"凤凰山北麓的两限房"对应公式（7），属于真命题，排除	排除
C	"单室套的廉租房"与公式（2）（5）有关，但无法得出结论	排除
D	"护城河两岸的单室套"在串联公式中得不出结论，不确定真假	排除
E	"南向的廉租房"与公式（8）有关，正确结论为"廉租房→¬东向房屋"，对应的"假"命题为"廉租房∧东向"，与选项不同	排除

小贴士

对于三段论公式的考查，直接对应选项，一般都可找到正确答案。

【例5】兰教授认为，不善于思考的人不可能成为一名优秀的管理者，没有一个谦逊的智者学习占星术，占星家均学习占星术，但是有些占星家却是优秀的管理者。

以下哪项如果为真，最能反驳兰教授的上述观点？

A. 有些占星家不是优秀的管理者。　　　B. 有些善于思考的人不是谦逊的智者。

C. 所有谦逊的智者都是善于思考的人。　D. 谦逊的智者都不是善于思考的人。

E. 善于思考的人都是谦逊的智者。

【答案】E

考点分析	反三段论的推理（☆☆）	
题干剖析	题干中的命题可转换为：（1）¬善于思考的人→¬优秀的管理者；（2）"没有一个谦逊的智者学习占星术"="所有谦逊的智者都不学习占星术"表示为"谦逊的智者→¬学习占星术"；（3）占星家→学习占星术；（4）占星家∧优秀的管理者	
解题步骤	第一步：读问题，观察是否有特殊信息，"最能反驳的"即找"命题为假"的。 第二步：分析题干，将题干中的语言转换为逻辑符号，将公式进行合并重组，可得出：（5）¬谦逊的智者←学习占星术←占星家∧优秀的管理者→善思的人。 第三步：根据题干要求选择正确的选项	
选项	解析	正误
A	"有些占星家不是优秀的管理者"表示为"占星家∧¬优秀的管理者"，对应公式（4），但问题需要的假命题为"占星家→¬优秀的管理者"，不对应，因此排除	排除
B	"有些善于思考的人不是谦逊的智者"表示为"善思∧¬谦逊的智者"，对应公式（5）的结论，属于真命题，排除	排除
C	"所有谦逊的智者都是善于思考的人"表示为"谦逊的智者→善思"，与公式（5）有关，但问题需要的"假命题"为"¬谦逊的智者→善思"，选项与之不相符，排除	排除
D	"谦逊的智者都不是善于思考的人"表示为"谦逊的智者→¬善思"，同选项C，均与问题所需假命题不符，排除	排除
E	"善于思考的人都是谦逊的智者"表示为"善思→谦逊的智者"，与公式（5）的结论"善思∧¬谦逊的智者"相矛盾，为问题所需	**正确**

 小贴士

反三段论的快解法一般为公式最长之处结论的矛盾命题，可先关注是否有此答案。

拓展测试

【拓展1】某市体委对该市业余体育爱好者一项调查中的若干结论如下：所有的桥牌爱好者都爱好围棋；有些围棋爱好者爱好武术；所有的武术爱好者都不爱好健身操；有些桥牌爱好者同时爱好健身操。

如果上述结论都是真实的，那么以下哪项不可能为真？

A. 所有的围棋爱好者也都爱好桥牌。　　B. 有的桥牌爱好者爱好武术。

C. 健身操爱好者都爱好围棋。　　D. 有的桥牌爱好者不爱好健身操。

E. 围棋爱好者都爱好健身操。

【拓展2】任何结果都不能凭空出现，它们的背后都是有原因的，任何背后有原因的事物均可以被人认识，而可以被人认识的事物都必然不是毫无规律的。

根据以上陈述，以下哪项一定为假？

A. 那些可以被人认识的事物，必然有规律。

B. 任何结果出现的背后都是有原因的。

C. 任何结果都可以被人认识。

D. 人有可能认识所有事物。

E. 有些结果的出现可能毫无规律。

【思考题】有些低碳经济是绿色经济，因此低碳经济都是高技术经济。

以下哪项如果为真，最能反驳上述论证？

A. 绿色经济都不是高技术经济。

B. 绿色经济有些是高技术经济。

C. 有些低碳经济不是绿色经济。

D. 有些绿色经济不是低碳经济。

E. 低碳经济就是绿色经济。

参考答案及解析

【拓展1】 E

【解析】本题中的公式整合后，可得出"围棋∧武术→¬健身"，故得出结论为"围棋∧¬健身"。本题找"不可能为真"，即"一定为假"的答案，故需做结论的矛盾转换，根据公式可得出"围棋→健身"。因此，选项E正确。

【拓展2】 E

【解析】由已知条件可以得到以下联系："任何结果"背后都是"有原因的"，而这些"均可以被认识"，并且它们"必然不是毫无规律的"，所以，"任何结果必然不是毫无规律的"。如此，选项E即为假。注意，题干问的是"以下哪项为假"。因此，选项E正确。

【思考题】 A

【解析】题干是一个缺少前提的三段论，要使题干结论不成立，只需证明结论的矛盾命题成立，即"有些低碳经济不是高技术经济"能由题干前提中推出。根据三段论的推理规则，"一特得特"，已知前提为特称，所需前提应为全称，排除选项BCD；将选项A代入，可以推出"有些低碳经济不是高技术经济"，则题干结论为假，反驳了题干论证。因此，选项A正确。

知识小结

（1）反三段论的基本思想：如果结论假，那么前提至少有一个是假的。

（2）反三段论的做题方法：推理结论，对结论做出矛盾转换。

①前提：A→B，B→C；结论：A→C；反驳结论：A∧¬C。

②前提：A→B，C∧A；结论：C∧B；反驳结论：¬C∧¬B。

③前提：A→B，A→C；结论：B∧C；反驳结论：¬B∨¬C。

考点三 二难推理

二难推理，又称假言选言推理：由两个假言判断和一个两肢的选言判断作为前提构成的推理。由于它在论辩中能使对方处于进退两难的困境，故称二难推理。

一、二元归一

1. 逻辑语言
如果P，那么Q；如果非P，则Q。可得结论为Q。

2. 模型表达

条件	推出	举例	推出
P→Q	Q	如果有能力，就会有钱	会有钱
非P→Q		如果没能力，就会有钱	

公式变形 ✏

母题剖析

【例6】如果李生喜欢表演，则他报考戏剧学院；如果他不喜欢表演，则他可以成为戏剧理论家。如果他不报考戏剧学院，则不能成为戏剧理论家。

由此可推出李生将：

A. 不喜欢表演。

B. 成为戏剧理论家。

C. 不报考戏剧学院。

D. 报考戏剧学院。

E. 不成为戏剧理论家。

【答案】D

考点分析	二难推理（☆☆）
步骤详解	
第一步	读问题，观察主要信息"由此可推出"
第二步	将题干中的语言转换为逻辑公式：（1）喜欢表演→报考戏剧学院；（2）￢喜欢表演→戏剧理论家；（3）￢报考戏剧学院→￢戏剧理论家
第三步	整合公式，可得出（4）喜欢表演→戏剧理论家→报考戏剧学院；其与公式（1）组合为二难推理，即无论李生喜欢还是不喜欢表演，其结果均为"报考戏剧学院"
第四步	对应选项，正确答案为选项D

小贴士

一般来说，看到"P与﹁P"作为前提的推论，可先考虑二难推理。

【例7】财务混乱的错误谣言损害了一家银行的声誉，如果管理人员不试图反驳这些谣言，它们就会传播开来并最终摧毁顾客的信心。但如果管理人员努力驳斥这种谣言，这种驳斥使怀疑增加的程度比使它减少的程度更大。

如果上述陈述正确，则根据这些陈述，下列哪一项也是正确的？

A. 银行的声誉不会受到猛烈的广告宣传活动的影响。

B. 关于财政混乱的正确的传言，对银行储户的该银行的信心的影响没有错的流言大。

C. 面对错误的谣言，银行经理的最佳对策是直接说出财务的真实情况。

D. 管理人员无法阻止已经出现的谣言威胁银行的声誉。

E. 有利的口碑可以提高银行在财务能力方面的声誉。

【答案】D

考点分析	二难推理（☆☆）		
步骤详解			
第一步	读问题，观察主要信息"哪一项是正确的"		
第二步	将题干中的语言转换为逻辑公式，（1）﹁反驳谣言→传播开来并摧毁信心；（2）反驳谣言→使怀疑增加的程度比使它减少的程度更大		
第三步	公式（1）（2）组合为二难推理，即无论反驳或不反驳谣言，其结果均为"对银行声誉造成一定的损害"		
第四步	对应选项，正确答案为选项D		

二、二元择其一

1. 逻辑语言

如果P，就Q；要是非P，则R；要么P要么非P。可得结论为Q∀R。

2. 模型表达

条件	推出	举例	推出
P→Q		如果考试好，带你出去玩	
非P→R		如果考不好，在家玩玩具	

公式变形

母题剖析

【例8】某中药配方有如下要求：

（1）如果有甲药材，那么也要有乙药材。

（2）如果没有丙药材，那么必须有丁药材。

（3）人参和天麻不能都有。

（4）如果没有甲药材而有丙药材，则需要有人参。

如果含有天麻，则关于该配方的断定哪项为真？

A. 含有甲药材。

B. 含有丙药材。

C. 没有丙药材。

D. 没有乙药材和丁药材。

E. 含有乙药材或丁药材。

【答案】E

考点分析	二难推理（☆☆☆）		
步骤详解			
第一步	读问题，观察主要信息"含有天麻"与"断定为真"		
第二步	将题干中的语言转换为逻辑公式：（1）甲→乙；（2）¬丙→丁；（3）¬人参∨¬天麻；（4）（¬甲∧丙）→人参		
第三步	根据已知条件，套入对应的公式逐步解题：根据公式（3）可知"¬人参"，再根据公式（4）可得出"甲∨¬丙"。将公式（4）与公式（1）（2）结合后可知，若甲为真，则乙为真；若¬丙为真，则丁为真；故得出结论，乙∨丁		
第四步	对应选项，正确答案为选项E		

小贴士

在条件过多的题目中，需要从确定条件出发去进行逐步推理。

三、假言判断的二者择其一

1. 逻辑语言

如果P，就¬Q。可得结论为P∀Q（**本模型适用于在数量关系上做限定的假言判断**）。

2. 模型推理

推一推

母题剖析

【例9】退休在家的老王今晚在"焦点访谈""国家记忆""自然传奇""人物故事""纵横中国"这5个节目中选择了3个节目观看。老王对观看的节目有如下要求：

（1）如果观看"焦点访谈"，就不观看"人物故事"。

（2）如果观看"国家记忆"，就不观看"自然传奇"。

根据上述信息，老王一定观看了如下哪个节目？

A. 纵横中国。　　　　　　　　　B. 国家记忆。

C. 自然传奇。　　　　　　　　　D. 人物故事。

E. 焦点访谈。

【答案】A

考点分析	二者择其一（☆☆☆）	
步骤详解		
第一步	读问题，观察主要信息"一定观看了哪个节目"	
第二步	将题干中的语言转换为逻辑符号：（规则为5个中选择3个） 焦点访谈→⌐人物故事； 国家记忆→⌐自然传奇	
第三步	根据已知条件进行分析：公式（1）＝人物故事→⌐焦点访谈，故"人物故事与焦点访谈至多选择1个"；公式（2）＝自然传奇→⌐国家记忆，故"自然传奇和国家记忆至多选择1个"。而本题中有数量规定，"人物故事与焦点访谈"必然2选1，"自然传奇与国家记忆"也2选1，故剩余的"纵横中国"必然入选	
第四步	对应选项，选项A正确	

小贴士

在数量关系限制的题目中，若出现"P→⌐Q"，一般均为在P与Q直接选1。

拓展测试

【拓展1】太阳风中的一部分带电粒子可以到达M星表面，将足够的能量传递给M星表面粒子，使后者脱离M星表面，逃逸到M星大气中。为了判定这些逃逸的粒子，科学家们通过三个实验获得了如下信息：

试验一：或者是X粒子，或者是Y粒子。

试验二：或者不是Y粒子，或者不是Z粒子。

试验三：如果不是Z粒子，就不是Y粒子。

根据上述三个实验，以下哪项一定为真？

A. 这种粒子是X粒子。

B. 这种粒子是Y粒子。

　　C. 这种粒子是Z粒子。

　　D. 这种粒子不是X粒子。

　　E. 这种粒子不是Z粒子。

【拓展2】 我国农村的宅基地属集体所有，农民只能使用，不能买卖、出租和继承。宅基地制度保证了农民的生存权益。农民在宅基地建造的房屋是农民的资产。如果允许农民出卖自己的房屋，则实际上允许出让宅基地的使用权。如果宅基地的使用权被别人买走，则会损害农民的生存权益。但如果不允许农民出卖自己的房屋，则侵害了农民的资产权益。

　　如果以上陈述为真，以下哪项陈述一定为真？

　　A. 农民在宅基地上建造的房屋没有房产证。

　　B. 对绝大多数农民工而言，农村老家的宅基地和责任田是他们最后的生存保障。

　　C. 无论侵害农民的资产权益还是侵害农民的生存权益都是错误的。

　　D. 如果农民工在城市里购买了住房，则不应当再在农村老家占有宅基地。

　　E. 如果不损害农民的生存权益，则会侵害农民的资产权益。

【拓展3】 在恐龙灭绝6 500万年后的今天，地球正面临着又一次物种大规模灭绝的危机。截至20世纪末，全球大约有20%的物种灭绝。现在，大熊猫、西伯利亚虎、北美玳瑁、巴西红木等许多珍稀物种面临着灭绝的危险。有三位学者对此作了预测。

　　学者一：如果大熊猫灭绝，则西伯利亚虎也将灭绝；

　　学者二：如果北美玳瑁灭绝，则巴西红木不会灭绝；

　　学者三：或者北美玳瑁灭绝，或者西伯利亚虎不会灭绝。

　　如果三位学者的预测都为真，则以下哪项一定为假？

　　A. 大熊猫和北美玳瑁都将灭绝。

　　B. 巴西红木将灭绝，西伯利亚虎不会灭绝。

　　C. 大熊猫和巴西红木都将灭绝。

　　D. 大熊猫将灭绝，巴西红木不会灭绝。

　　E. 巴西红木将灭绝，大熊猫不会灭绝。

【拓展4】 小明假期想要去旅游，普陀山、九华山、峨眉山、华山、黄山、梁山、恒山这7个景点中选择了4个爬山地点。小明对爬山有如下要求：

　　（1）如果选择普陀山，就不去华山。

　　（2）如果选择九华山，就不去峨眉山。

　　（3）如果选择梁山，就不去恒山。

　　根据上述信息，小明一定会去以下哪个山？

　　A. 黄山。

　　B. 九华山。

　　C. 峨眉山。

　　D. 华山。

　　E. 普陀山。

【拓展5】小陈与几位朋友商定利用假期到某地旅游，他们在桃花坞、第一山、古生物博物馆、新四军军部旧址、琉璃泉、望江阁6个景点中选择了4个浏览。已知：

（1）如果选择桃花坞，则不选择古生物博物馆而选择望江阁。

（2）如果选择望江阁，则不选择第一山而选择新四军军部旧址。

根据以上信息，可以得出以下哪项？

A. 他们选择了桃花坞。

B. 他们没有选择望江阁。

C. 他们选择了新四军军部旧址。

D. 他们没有选择第一山。

E. 他们没有选择古生物博物馆。

参考答案及解析

【拓展1】 A

【解析】 实验二"或者不是Y粒子，或者不是Z粒子"等价于"Z→非Y"；与实验三"非Z→非Y"结合，根据二难推理规则，得到"非Y"；由实验一"或者是X粒子，或者是Y粒子"，即"非Y→X"，得到"X"。因此，选项A正确。

【拓展2】 E

【解析】 题干运用了二难推理，即允许农民出卖自己的房屋→损害农民生存权益，不允许出卖房屋→侵害农民资产权益，故而或者损害农民生存权益，或者侵害农民资产权益。结合选言命题的推理规则可得，"如果不损害农民的生存权益，则会侵害农民的资产权益"。因此，选项E正确。

【拓展3】 C

【解析】 题干的逻辑关系如下：（1）西伯利亚虎不灭绝→大熊猫不会灭绝；（2）北美玳瑁灭绝→巴西红木不会灭绝；（3）或者北美玳瑁灭绝，或者西伯利亚虎不会灭绝。以上条件可构成一个二难推理，可以得到结论"或者大熊猫不会灭绝，或者巴西红木不会灭绝"。所以，"大熊猫和巴西红木都将灭绝"必定为假。因此，选项C正确。

【拓展4】 A

【解析】 题干的逻辑关系如下：（1）普陀山、华山至多选择1个；（2）九华山、峨眉山至多选择1个；（3）梁山、恒山至多选择1个。而本题中有数量规定，7个景点中选择了4个爬山地点，因此黄山一定入选，选项A正确。

【拓展5】 C

【解析】 题干的逻辑关系如下：（1）桃花坞、古生物博物馆至多选1个；（2）第一山、望江阁至多选1个。而题干中有数量规定，6个景点中选择了4个浏览，因此新四军军部旧址、琉璃泉必须入选。因此，选项C正确。

知识小结

（1）二元归一：如果P，那么Q；如果非P，则Q。可得结论为Q。

（2）二者择其一：如果P，就Q；要是非P，则R；要么P要么非P。可得结论为Q∀R。

（3）假言判断的二者择其一：如果P，就¬Q。可得结论为P∀Q。

思维导图

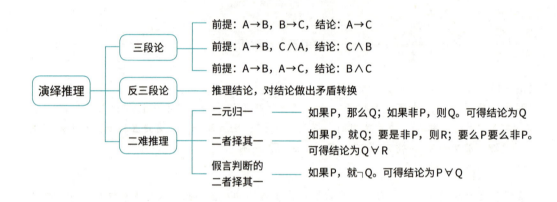

章节测试

扫码观看
章节测试讲解

1. 所有高明的管理者都懂得关心雇员福利的重要性；而所有懂得关心雇员福利重要性的管理者也善于充分发挥雇员的特长。

   如果以上推理提供的信息都是真实的，则以下哪项一定是真的？

   A. 没有不高明的管理者懂得关心雇员福利的重要性。

   B. 没有不高明的管理者善于充分发挥雇员的特长。

   C. 某些高明的管理者并不善于充分发挥雇员的特长。

   D. 所有高明的管理者都善于充分发挥雇员的特长。

   E. 所有高明的管理者都不善于充分发挥雇员的特长。

2. 青海湖的湟鱼是一种味道鲜美的鱼，近年来由于自然环境的恶化和人的过度捕获，导致湟鱼数量大量减少，成了珍稀动物。凡是珍稀动物都是需要保护的动物。

   如果以上陈述为真，则除了以下哪项外其余的陈述都必然为真？

A. 有些珍稀动物是味道鲜美的鱼。

B. 有些需要保护的动物不是青海湖的湟鱼。

C. 有些味道鲜美的鱼是需要保护的动物。

D. 所有不需要保护的动物都不是青海湖的湟鱼。

E. 有些味道鲜美的鱼是青海湖的湟鱼。

3. 在一次娱乐圈的调查中，所有的男演员和所有的女演员都接受了调查。调查结果表明：演员里面，只要他是男的，他就一定是一个精力充沛的人。同时还发现，如果性格不外向的人，其精力也不充沛。让人惊奇的是，仍然有一些害羞的人是男演员。

如果上面的陈述是正确的，下面哪一项也是正确的？

Ⅰ. 有些害羞的人是性格外向的人。

Ⅱ. 有些害羞的但性格外向的人不是男演员。

Ⅲ. 并非所有性格不外向的人都是男演员。

A. 仅Ⅰ。　　　　　　　　　　B. 仅Ⅱ。

C. 仅Ⅲ。　　　　　　　　　　D. 仅Ⅰ和Ⅲ。

E. Ⅰ、Ⅱ和Ⅲ。

4. 所有行政管理专业的大四学生都报考了公务员，有的报考公务员的是党员，所有行政管理专业的大三学生都没有报考公务员。

据此，可以推出：

A. 有的党员是行政管理专业的大四学生。

B. 有的行政管理专业的大四学生是党员。

C. 有的党员不是行政管理专业的大三学生。

D. 有的行政管理专业的大三学生不是党员。

E. 有的党员是行政管理专业的大三学生。

5. 为进一步加强对不遵守交通信号灯违法行为的执法管理，规范执法程序，确保执法公正，某市交警支队要求：凡属于故意违反交通规则的，一律录入道路交通违法信息系统；所有录入道路交通违法系统的都必须严肃处理；已知有的故意违反交通规则的缴纳了罚款。

根据以上陈述，可推出以下哪项？

A. 所有录入道路交通违法信息系统的都缴纳了罚款。

B. 有的受到严肃处理的并没有故意违反交通规则。

C. 有的缴纳罚款的并没有故意违反交通规则。

D. 所有缴纳罚款的都受到了严肃处理。

E. 有的故意违反交通规则的受到严肃处理。

6. 所有的女明星都是能歌善舞的，能歌善舞的都是拥有本科学历的女孩，有的拥有本科学历的女孩是热爱运动的，但所有热爱运动的都是不会发胖的。

如果上述断定为真，以下哪项一定为真？

A. 能歌善舞的大都是不会发胖的。

B. 有的热爱运动的女人是女明星。

C. 有的不会发胖的人不是拥有本科学历的女孩。

D. 能歌善舞的都是不会发胖的。

E. 有的不会发胖的是拥有本科学历的女孩。

7. 大学就业中心对应届毕业生进行调查得出结论：不爱岗敬业的人不可能成为一名品德高尚的人，没有一个严于律己的人会成为不值得信赖的人，做事有头没尾的人均不值得信赖，但是有些做事有头没尾的人却是品德高尚的人。

以上陈述如果为真，则以下哪项必然为假？

A. 有些爱岗敬业的人不是严于律己的人。

B. 严于律己的人不都是爱岗敬业的人。

C. 严于律己的人都不是爱岗敬业的人。

D. 爱岗敬业的人都是严于律己的人。

E. 所有严于律己的人都是爱岗敬业的人。

8. 小芬打算在寒假去旅游，青岛和丽江至少去一个，同时还需满足以下条件：

（1）如果有丽江，就必须有重庆。

（2）去青岛的前提是去大同。

（3）一旦去大同，就必须去重庆。

如果上述断定为真，则以下哪项一定为假？

A. 去重庆但不去青岛。　　　　　　B. 去重庆但不去丽江。

C. 去大同，也去丽江。　　　　　　D. 去重庆，也去大同。

E. 重庆和丽江都不去。

9. 研究表明，重度空气污染会损伤人体心血管和呼吸系统，因心肺疾病早逝的概率也随之提高。戴口罩可以较好地防御空气中的细微颗粒物的吸入，从而降低雾霾对人体的伤害。但也会因为鼻腔缺少刺激，而降低自身免疫力，从而遭遇病毒时更早"败下阵来"。对此，有三位高校学生对此给出了自己的看法。

甲：如果承受雾霾的伤害，那么患心肺疾病的可能性变大。

乙：如果选择戴口罩，那么自身的免疫力将下降。

丙：除非承受雾霾的伤害，否则无法不戴口罩。

如果三位学者的断定都为真，则以下哪项一定为假？

A. 承受雾霾的伤害但自身的免疫力未下降。

B. 不承受雾霾带来的伤害，但是否戴口罩未可知。

C. 患心肺病的可能性未变大，并且自身的免疫力没下降。

D. 自身的免疫力下降了，同时心肺疾病的可能性也未变大了。

E. 戴口罩了，自身的免疫力也下降了。

10. 国家对雄安大计的筹谋正在逐步践行，为了加速其发展，某单位筹措了特别小组准备支援建设，其中人事处、业务处、团委部积极发表意见，这三部门的推荐意见分别是：

人事处：甲、乙、丙三人中至少有一人不被派选。

业务处：选派甲，或者不选派乙和丙。

团委部：除非不选派甲，否则不选派乙和丙。

在下列选项中，能够同时满足人事处、业务处、团委部的意见的方案是？

A. 不选派乙和丙，选派甲。　　　　B. 选派乙和丙，不选派甲。

C. 选派乙，不选派甲和丙。　　　　D. 选派丙，不选派甲和乙。

E. 不论选不选派丙，不选派甲。

参考答案及解析

 答案速查

1. D	2. B	3. D	4. C	5. E
6. E	7. D	8. E	9. C	10. A

 答案解析

1.【答案】D

【解析】本题考点为直言三段论推结论。题干：高明的管理者→关心员工福利→发挥员工特长。选项D，高明的管理者→发挥员工特长，其他均无法推出。

2.【答案】B

【解析】本题考点为直言三段论推结论。题干：（1）湟鱼→味道鲜美；（2）湟鱼→珍稀动物；（3）珍稀动物→需要保护。选项A，由（2）得珍稀动物∧湟鱼，再结合（1）得珍稀动物∧湟鱼→味道鲜美。选项B，由（2）（3）得需要保护∧湟鱼，无法推出需要保护∧¬湟鱼。因此，选项B正确。选项C，由（1）得味道鲜美∧湟鱼，再结合（2）（3）得味道鲜美∧需要保护。选项D，由（2）（3）得¬需要保护→¬湟鱼。选项E，由（1）得味道鲜美∧湟鱼。

3.【答案】D

【解析】本题考点为直言三段论推结论。题干：（1）男演员→精力充沛；（2）¬性格外向→¬精力充沛；（3）害羞的∧男演员。结合（3）（1）（2）得害羞的∧男演员→精力充沛→性格外向。Ⅰ.害羞的∧性格外向，一定真。Ⅱ.害羞∧性格外向→¬男演员，无法推出。Ⅲ.并非所有性格不外向的人都是男演员=有的性格不外向的人不是男演员。结合（2）（1）得¬性格外向→¬精力充沛→¬男演员，因此，可以推出Ⅲ。

4.【答案】C

【解析】本题考点为直言三段论推结论。题干：（1）行政管理专业的大四学生→公务员；（2）报考公务员∧党员；（3）行政管理专业的大三学生→没有报考公务员。（2）换位得党员∧报考公务员，再结合（3）得党员∧报考公务员→不是行政管理专业的大三学生。因此，选项C正确。

5.【答案】E

【解析】（1）凡属于故意违反交通规则的，一律录入道路交通违法信息系统=故意违反交通规则的→录入道路交通违法信息系统。

（2）所有录入道路交通违法系统的都必须严肃处理=录入道路交通违法系统→严肃处理。

（3）有的故意违反交通规则的缴纳了罚款=故意违反交通规则∧缴纳了罚款=缴纳了罚款∧故意违反交通规则。

串联得：罚款∧故意违反交通规则的→一律录入道路交通违法信息系统→严肃处理。因此，选项E正确。

6.【答案】E

【解析】根据题干可得：（1）女明星→能歌善舞的；（2）能歌善舞的→拥有本科学历；（3）拥有本科学历的∧热爱运动；（4）热爱运动→不会发胖的。

串联（3）和（4）可得：拥有本科学历的∧热爱运动→不会发胖的；即拥有本科学历的∧不会发胖的；根据换位原则可得：不会发胖的∧拥有本科学历。因此，选项E正确。

7.【答案】D

【解析】题干信息：（1）不爱岗敬业→不是一名品德高尚的人＝品德高尚的人→爱岗敬业；（2）严于律己→值得信赖；（3）做事有头没尾的人→不值得信赖；（4）做事有头没尾的人∧品德高尚。

联立（2）（3）可得：严于律己→值得信赖→做事不是有头没尾的；联立（1）（4）：做事有头没尾的人∧品德高尚→爱岗敬业。可知选项D为矛盾命题，一定为假。

8.【答案】E

【解析】题干可整理为：（1）丽江→重庆；（2）青岛→大同；（3）大同→重庆；（4）青岛∨丽江。由（2）（3）可得"青岛→重庆"，结合（1）（4），根据二难推理可得去重庆。因此，选项E正确。

9.【答案】C

【解析】题干可整理为：（1）雾霾→心肺；（2）口罩→下降；（3）非雾霾→口罩。三者满足二难推理的基本式，结论为：心肺∨下降。提问方式要求"为假"，根据公式可知，非心肺∧非下降。因此，选项C正确。

10.【答案】A

【解析】题干可整理为：（1）非甲∨非乙∨非丙；（2）甲∨（非乙∧非丙）＝非甲→（非乙∧非丙）；（3）甲→（非乙∧非丙）。（1）（3）可构成二难推理的变形式，可得：非乙∧非丙。因此，选项A正确。

02

模块二

综合推理

课前导学　三大基本解题法

一、代入排除法

代入法的适用场景为，5个选项中所涉及的信息，恰好能完全反映材料中所提到的所有信息。

举例1：小明、小红、小丽、小强、小梅五人去听音乐会，他们五人在同一排且座位相连，其中只有一个座位最靠近走廊，如果小强想坐在最靠近走廊的座位上，小丽想跟小明紧挨着，小红不想跟小丽紧挨着，小梅想跟小丽紧挨着，但不想跟小强或小明紧挨着。

以下哪项排序符合上述五人的意愿？

A. 小明、小梅、小丽、小红、小强。
B. 小强、小红、小明、小丽、小梅。
C. 小强、小梅、小红、小丽、小明。
D. 小明、小红、小梅、小丽、小强。
E. 小强、小丽、小梅、小明、小红。

【答案】B

考点分析	综合推理——代入法（☆）
题干剖析	题干中"五人在同一排且座位相连"说明要进行5人的排序，题干中还有每个人要求的限制：（1）小强想坐在最靠近走廊的座位上；（2）小丽想跟小明紧挨着；（3）小红不想跟小丽紧挨着；（4）小梅想跟小丽紧挨着；（5）但小梅不想跟小强或小明紧挨着
解题步骤	第一步：读问题，观察是否有特殊信息； 第二步：识别题型为排序题，并且选项中的排序数量恰与题干要求对应，故用一一排除的方法来做题； 第三步：选择正确的选项

选项	解析	正误
A	选项A的小明与小丽不在一起，不符合要求（2），排除	排除
B	选项B完全符合题干中的所有要求	**正确**
C	选项C的小红和小丽紧挨着，不符合要求（3），排除	排除
D	选项D的小明与小丽不在一起，不符合要求（2），排除	排除
E	选项E的小梅与小明紧挨着，不符合要求（5），排除	排除

举例2：李赫、张岚、林宏、何柏、邱辉5位是同事，近日他们各自买了一辆不同品牌小轿车，分别为雪铁龙、奥迪、宝马、奔驰、桑塔纳。这5辆车的颜色分别与5人名字最后一个字谐音：黑、蓝、红、白、灰，但他们各自所买车的颜色都与其名字的最后一个字谐音的颜色不同。已知，李赫买的是蓝色的雪铁龙。

以下哪项排列可能依次对应张岚、林宏、何柏、邱辉所买的车？

A. 灰色的奥迪、白色的宝马、黑色的奔驰、红色的桑塔纳。

B. 黑色的奥迪、红色的宝马、灰色的奔驰、白色的桑塔纳。

C. 红色的奥迪、灰色的宝马、白色的奔驰、黑色的桑塔纳。

D. 白色的奥迪、黑色的宝马、红色的奔驰、灰色的桑塔纳。

E. 黑色的奥迪、灰色的宝马、白色的奔驰、红色的桑塔纳。

【答案】A

考点分析	综合推理——代入法（☆）	
题干剖析	题干中"5辆车的颜色分别与5人名字最后一个字谐音……但他们各自所买车的颜色都与其名字的最后一个字谐音的颜色不同"为关键信息	
解题步骤	第一步：读问题，观察是否有特殊信息； 第二步：识别题型为排序题，并且选项中的排序数量恰与题干要求对应，故用一一排除的方法来做题； 第三步：选择正确的选项	
选项	解析	正误
A	选项A的颜色与问题中的人对应无相同谐音，可选	正确
B	选项B红色的宝马对应林宏，谐音相同，排除	排除
C	选项C白色的奔驰对应何柏，谐音相同，排除	排除
D	选项D灰色的桑塔纳对应邱辉，谐音相同，排除	排除
E	选项E白色的奔驰对应何柏，谐音相同，排除	排除

二、画图法

画图法在配对题和方位题中应用最多，若为二维配对，则使用表格进行解题；若为方位题型，则可使用对应的"方位""圆形"等解题即可。

举例3：某小区业主委员会的4名成员晨桦、建国、向明和嘉媛坐在一张方桌前（每边各坐一人）讨论小区大门旁的绿化方案。4人的职业各不相同，每个人的职业是高校教师、软件工程师、园艺师或邮递员之中的一种。已知：晨桦是软件工程师，他坐在建国的左手边；向明坐在高校教师的右手边；坐在建国对面的嘉媛不是邮递员。

根据以上信息，可以得出以下哪项？

A. 嘉媛是高校教师，向明是园艺师。

B. 向明是邮递员，嘉媛是园艺师。

C. 建国是邮递员，嘉媛是园艺师。

D. 建国是高校教师，向明是园艺师。

E. 嘉媛是园艺师，向明是高校教师。

【答案】B

考点分析	综合推理——画图法（☆☆）
步骤详解	
第一步	读问题，观察主要信息"可以得出以下哪项"
第二步	观察题干并识别题型为"方位配对"，画出对应的图形，题干中未规定每个人的位置，故可确定一个定点，依据题干信息依次落座： （1）确定晨桦在上面的位置； （2）根据题干"晨桦坐在建国的左手边"，可知建国在晨桦的右手边（即左边的位置）； （2）根据题干"坐在建国对面的嘉媛不是邮递员"，可知嘉媛在右边位置，故向明的位置在下方； （4）根据题干"向明坐在高校教师的右手边"，可知建国为高校教师；而"嘉媛不是邮递员"，故向明为邮递员、嘉媛为园艺师 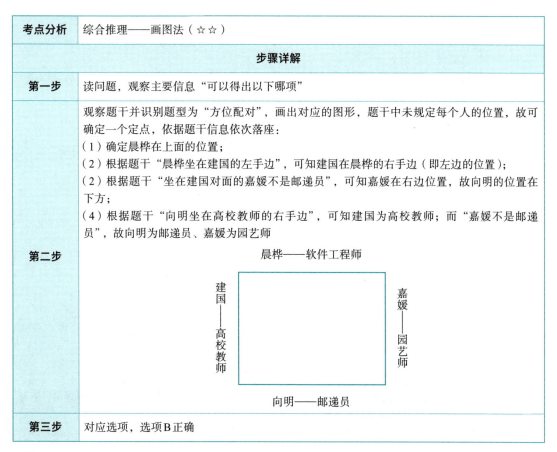
第三步	对应选项，选项B正确

 小贴士

在涉及方位关系的题目中，尽量根据提示画出对应的图形，再进行具体推理。

举例4：为讨论公司的下一步发展，甲、乙、丙、丁、戊、己、庚、辛八位高管坐在一张八角形桌子边开会（按顺时针顺序画，依次为1, 2, 3, 4, 5, 6, 7, 8）。在安排座位时有如下要求：

（1）甲坐在1号位置上。

（2）乙和丙座位必须相邻。

（3）若丁、戊的座位不相邻，则己、辛的座位相邻。

（4）只有甲、庚的座位相邻，辛、己的座位才相邻。

若庚坐在5号位置，则以下哪项不可能为真？

A. 乙坐在3号位置。

B. 乙坐在4号位置。

C. 丁坐在6号位置。

D. 丁坐在7号位置。

E. 己坐在7号位置。

【答案】E

考点分析	综合推理——画图法（☆☆）
步骤详解	
第一步	读问题，观察主要信息"庚坐在5号位置，则以下哪项不可能为真"，因此要找"一定为假"的选项
第二步	观察题干并识别题型为"方位"，画出对应的图形，依据题干信息依次落座： （1）根据题干信息"甲坐在1号位置上"，确定甲的位置； （2）根据补充信息"庚坐在5号位置"，确定庚的位置； 甲 （八边形图：1、2、3、4、5、6、7、8） 庚 （3）剩余信息无法准确对应，但根据上图可知"甲与庚不相邻"，根据条件四可得出"辛与己不相邻"，再根据条件三可知"丁、戊相邻"； （4）丁与戊相邻+乙与丙相邻，得知3与7的位置已经在四人之中（但不确定是谁），故3与7不可能为己
第三步	对应选项，选项E正确

 小贴士

　　在涉及方位关系的题目中，出现"相邻位"的元素时，可以将其看作整体来进行"捆绑式"的假设。

三、假设法

　　对无法确定真实情况的事件做出假设，若先能证明其中一个假设不成立，则另一个一定为正确答案；但反之则需注意，若先能证明其中一个假设成立，则仍需要对另一个也进行假设验证。

　　举例5：某公司年度审计期间，审计人员发现一张发票，上面有赵义、钱仁礼、孙智、李信4个签名，签名者的身份各不相同，是经办人、复核、出纳或审批领导之中的一个，且每个签名都是本人所签。询问四位相关人员，得到以下答案：

　　赵义："审批领导的签名不是钱仁礼。"

　　钱仁礼："复核的签名不是李信。"

　　孙智："出纳的签名不是赵义。"

　　李信："复核的签名不是钱仁礼。"

已知上述每个回答中，如果提到的人是经办人，则该回答为假；如果提到的人不是经办人，则为真。根据以上信息，可以得出经办人是：

A. 赵义。

B. 钱仁礼。

C. 孙智。

D. 李信。

E. 无法确定。

【答案】C

考点分析	综合推理——假设法（☆☆☆）
步骤详解	
第一步	读问题，观察主要信息"找经办人"
第二步	观察题干并识别题型为"真话假话"。题干中的规则为"如果提到的人是经办人，则该回答为假；如果提到的人不是经办人，则为真"，故找到"提到的人"，再去假设其为"经办人"即可解题
第三步	（1）赵义的话语中，提到的人为"钱仁礼"。故假设"钱仁礼"为经办人，则赵义的回答为假，得出结论"审批领导的签名是钱仁礼"，此时"钱仁礼"既是经办人也是审批领导，不可能。因此，钱仁礼不是经办人。 （2）同上，钱仁礼的话语中，提到的人为"李信"，按照上述思路，那么李信既是经办人也是复核，这是不可能的。因此，李信不是经办人。 （3）同理，赵义不是经办人，故经办人只能是孙智
第四步	对应选项，选项C正确

 小贴士

本题需要理清思路，理解"被提及的人"为后面谈话中出现的人。

知识小结

（1）代入法：适用场景为，5个选项中所涉及的信息，恰好能完全反映上述材料中所提到的所有信息。

（2）画图法：在配对题和方位题中应用最多，若为二维配对，则使用表格进行解题；若为方位题型，则可使用对应的"方位""圆形"等解题即可。

（3）假设法：对无法确定真实情况的事件做出假设，若先能证明其中一个假设不成立，则另一个一定为正确答案；但反之则需注意，若先能证明其中一个假设成立，则仍需要对另一个也进行假设验证。

第五章 配对题

考点考频分析

考点	频率	难度	知识点
两个维度配对题型	高	☆☆☆	信息使用顺序 二维表格法
多个维度配对题型	低	☆☆	同类标记法

考点一　两个维度配对题型

一、做题步骤

解题步骤	常见内容
第一步：确认维度	两个维度，通常每个维度有4或5个对象
第二步：使用二维表格模型，并解读表格规则	
第三步：按照顺序使用已知信息/条件，并依此将确定信息填入模型中。 （1）确定信息（可以直接填入模型的）； （2）补充信息（与题干问题同一行）； （3）相关信息（与确定信息有关系的）； （4）重复项信息（重复次数最多的）； （5）不确定信息（假设法）。 【注意】信息使用顺序，适用于所有综合推理题，也是推理顺序的固定套路	·将两个维度的对象分别记入二维表格模型； ·使用√和×表示真值和假值； ·解读配对规则，确定每列每行√的个数。 【注意】未必只有一对一配对，还有其他变化
第四步：结合所填表格信息和表格规则进行深度推理，直到推出答案	

母题剖析

【例1】 住在学校宿舍的同一房间的四个学生甲、乙、丙、丁正在听一首流行歌曲，他们当中有一个人考会计硕士，一个人考审计硕士，一个人考金融硕士，另一个人考税务硕士。

并且已知：

①甲不考会计硕士，也不考税务硕士。

②乙没有考金融硕士，也没有考会计硕士。

③如果甲没有考金融硕士，那么丁没有考会计硕士。

④丙既没有考税务硕士，也没有考会计硕士。

⑤丁不考税务硕士，也没有考金融硕士。

下面关于四个学生的说法，正确的一项是？

A. 甲考税务硕士。   B. 乙考审计硕士。

C. 丙考金融硕士。   D. 丙考审计硕士。

E. 甲考审计硕士。

【答案】D

步骤分解

专业	甲	乙	丙	丁
会计	×	×	×	
审计				
金融		×		×
税务	×		×	×

专业	甲	乙	丙	丁
会计	×	×	×	√
审计	×	×	√	×
金融	√	×	×	×
税务	×	√	×	×

（1）确认维度——"人""专业"。

（2）使用二维表格模型，并解读表格规则——一一对应关系。

（3）按照顺序使用已知信息①②④⑤并依此填入模型中。

（4）由表格可直接看出，丁只能选择会计，乙只能选择税务；而根据信息③可知，甲选择金融，故丙选择审计

二、做题思维

（一）整体思维

若题目中明确提及一些元素与另一些对象相互匹配，虽无法直接一一对应，但我们仍能先将相关被提及元素及对象视为整体列出，进而对剩余命题中提到的元素及对象进行关系的梳理。

母题剖析

【例2】公司为员工免费提供菊花、绿茶、红茶、咖啡和大麦茶5种饮品。现有甲、乙、丙、丁、戊，他们每人都只喜欢其中的2种饮品，且每种饮品都只有2人喜欢，已知：

①甲和乙喜欢菊花，且分别喜欢绿茶和红茶中的一种。

②丙和戊分别喜欢咖啡和大麦茶的一种。

根据上述信息，可以得出以下哪项？

A. 甲喜欢菊花和绿茶。

B. 乙喜欢菊花和红茶。

C. 丙喜欢红茶和咖啡。

D. 丁喜欢咖啡和大麦茶。

E. 戊喜欢绿茶和大麦茶。

【答案】D

步骤分解 ✎

品类	甲	乙	丙	戊	丁
菊花	√	√	×	×	×
绿茶					
红茶					
咖啡					
大麦茶					

品类	甲	乙	丙	戊	丁
菊花	√	√	×	×	×
绿茶	√	√			
红茶					
咖啡			√	√	
大麦茶					

（1）确认维度——"人""茶"。
（2）使用二维表格模型，并解读表格规则——二二对应关系。
（3）按照顺序，将已知信息①填入表格中，"甲乙分别喜欢绿茶和红茶中的一种"（具体谁喜欢哪个不能确定）可作为捆绑信息，同理也可以画出"丙和戊"的位置。
（4）由表格可直接看出，甲与乙的两种已经找到，那么"甲乙不选咖啡、大麦茶"；而此时咖啡为1人选择、大麦茶也为1人选择，故剩余的只能是丁来选择咖啡和大麦茶。
（5）选项D正确

（二）反向思维

若题目给出信息中出现一些元素与另一些对象相互匹配，则"反向"说明剩余元素及对象能够互为对应。特别地，当剩余元素或对象的个数分别为1或2时，该信息往往能成为"题眼"。

母题剖析

【例3】 在编号为1，2，3，4的4个盒子中装有绿茶、红茶、花茶和白茶四种茶。每只盒子只装一种茶，每种茶只装一个盒子。已知：

①装绿茶和红茶的盒子在1，2，3号范围之内。
②装红茶和花茶的盒子在2，3，4号范围之内。
③装白茶的盒子在1，2，3号范围之内。

根据上述信息，可以得出以下哪项？

A. 绿茶在3号。
B. 花茶在4号。
C. 白茶在3号。
D. 红茶在2号。
E. 绿茶在1号。

【答案】 B

步骤分解

品类	1	2	3	4
绿茶				×
红茶	×			×
花茶	×			
白茶				×

（1）确认维度——"序号""茶"。
（2）使用二维表格模型，并解读表格规则——一一对应关系。
（3）按照顺序，将已知信息填入表格中：
①在1，2，3号内，反向可知其不在4号。
②③同理，红茶和花茶不在1号、白茶不在4号。
（4）根据表格的情况可得出"4号只能为白茶"

【例4】江海大学的校园美食节开幕了，某女生宿舍有5人积极报名参加此次活动，她们的姓名分别为金粲、木心、水仙、火珊、土润。举办方要求，每位报名者只做一道菜品参加评比，但需自备食材。限于条件，该宿舍所备食材仅有5种：金针菇、木耳、水蜜桃、火腿和土豆。要求每种食材只能有2人选用。每人又只能选用2种食材，并且每人所选食材名称的第一个字与自己的姓氏均不相同。已知：

①如果金粲选水蜜桃，则水仙不选金针菇。
②如果木心选金针菇或土豆，则她也须选木耳。
③如果火珊选水蜜桃，则她也须选木耳和土豆。
④如果木心选火腿，则火珊不选金针菇。
根据上述信息，可以得出以下哪项？
A. 木心选用水蜜桃、土豆。
B. 水仙选用金针菇、火腿。
C. 土润选用金针菇、水蜜桃。
D. 火珊选用木耳、水蜜桃。
E. 金粲选用木耳、土豆。
【答案】C

步骤分解

品类	金粲	木心	水仙	火珊	土润
金针	×	×	√	×	√
木耳		×			
水蜜桃	×	√	×	×	
火腿		√			×
土豆		×			×

（1）确认维度——"人""菜"。
（2）使用二维表格模型，并解读表格规则——二二对应关系（先将首字相同的标注为"×"）。
（3）按照顺序，将已知信息填入表格中：根据②逆否可知木心不选金针和土豆，故木心选择水蜜桃和火腿。因此，④的前提成立，得出火珊不选金针菇，故金针菇被水仙和土润选。故而①的后件不成立，逆否得出金粲不选水蜜桃。此时看③，若火珊选水蜜桃，则火珊将有3种蔬菜，故火珊不选水蜜桃。
（4）推理可得：水蜜桃还应被土润选择，选项C正确

第五章

拓展测试

【拓展1】甲、乙、丙、丁是思维天资极高的艺术家，他们分别是舞蹈家、画家、歌唱家和作家。已知：

（1）有一天晚上，甲和丙出席了歌唱家的首次演出。

（2）画家曾当面为乙和作家画过肖像。

（3）作家正准备写一本甲的传记，他所写的丁的传记是畅销书。

（4）甲从来没有见过丙。

（5）作家和乙是亲戚。

下面哪项关于身份的描述是正确的？

A. 甲是画家。   B. 乙是歌唱家。

C. 丙是舞蹈家。   D. 丁是作家。

E. 甲是作家。

【拓展2】某宿舍住着四位研究生，分别是四川人、安徽人、河北人和北京人。他们分别在中文、国政和法律三个系就学。其中：

Ⅰ.北京籍研究生单独在国政系。

Ⅱ.河北籍研究生不在中文系。

Ⅲ.四川籍研究生和另外某个研究生同在一个系。

Ⅳ.安徽籍研究生不和四川籍研究生同在一个系。

以上条件可以推出四川籍研究生所在的系为哪个系？

A. 中文系。   B. 国政系。

C. 法律系。   D. 中文系或法律系。

E. 无法确定。

【拓展3】 在东海大学研究生会举办的一次中国象棋比赛中，来自经济学院，管理学院，哲学学院，数学学院和化学学院的5名研究生（每学院1名）相遇在一起。有关甲、乙、丙、丁、戊5名研究生之间的比赛信息满足以下条件：

（1）甲仅与2名选手比赛过。

（2）化学学院的选手和3名选手比赛过。

（3）乙不是管理学院的，也没有和管理学院的选手对阵过。

（4）哲学学院的选手和丙比赛过。

（5）管理学院、哲学学院、数学学院的选手相互都交过手。

（6）丁仅与1名选手比赛过。

根据以上条件，请问丙来自哪个学院？

A. 经济学院。   B. 管理学院。

C. 哲学学院。   D. 化学学院。

E. 数学学院。

参考答案及解析

【拓展1】 B

【解析】 本题为配对题型，可以直接在表格中进行分析推理：

身份	甲	乙	丙	丁
舞蹈家	√	×	×	×
画家	×（甲没有见过丙，但画家见过作家丙）	×[（2）]	×	√
歌唱家	×[（1）]	√	×[（1）]	×
作家	×[（3）]	×[（2）（5）]	√（先推出）	×[（3）]

【拓展2】 C

【解析】 结合条件Ⅳ、Ⅲ、Ⅰ可得，四川人和河北人在一个系；同时结合条件Ⅱ、Ⅰ可得，河北人在法律系。因此，四川人也在法律系，选项C正确。

【拓展3】 E

【解析】 第一步：因为（2）（5）（6），所以丁不是化学学院、管理学院、哲学学院、数学学院的。因此，丁是经济学院的。

第二步：乙不是经济学院的。因为（3）（5），所以乙不是管理学院、哲学学院、数学学院的，所以乙是化学学院的。

第三步：乙没有和管理学院比赛，乙是化学学院的，因为（2），所以乙和哲学学院、数学学院、经济学院比赛过。又因为（5），所以哲学学院选手和数学学院选手至少和3名选手比赛过。再根据（1），得出甲是管理学院的。

第四步：因为（4），所以丙是数学学院的。

知识小结

（1）做题步骤：①确认维度；②使用二维表格模型，并解读表格规则；③按照顺序使用已知信息/条件，并依此将确定信息填入模型中；④结合所填表格信息和表格规则进行深度推理，直到推出答案。

（2）做题思维：整体思维、反向思维。

第五章

考点二　多个维度配对题型

一、做题步骤

解题步骤	常见内容
第一步：确认维度	多个维度（或者两个维度，但是对象超过5个）；通常每个维度3个对象
第二步：使用同类标记模型，并解读表格规则	
第三步：按照顺序使用已知信息/条件，并依此将确定信息填入模型中。 （1）确定信息（可以直接填入模型的）； （2）补充信息（与题干问题同一行）； （3）相关信息（与确定信息有关系的）； （4）重复项信息（重复次数最多的）； （5）不确定信息（假设法）。 【注意】信息使用顺序，适用于所有综合推理题，也是推理顺序的固定套路	· 将每个维度的对象分别每排罗列出来； · 使用○□△符号框选配对的对象； · 每种符号每行必然出现一次，并只出现一次
第四步：结合所填模型信息和规则进行深度推理，直到推出答案	

【例5】山楂牧场住着3位百岁老人。已知如下信息：

（1）王以前是位农场工人，搬来山楂牧场前他一直生活在竹庄。

（2）李善经营着一家乡村邮局。

（3）在1995年搬家的人叫美，但不姓张。

姓氏为：张、王、李。

名字为：真、善、美。

村庄为：松庄、竹庄、梅庄。

搬家时间为：1985年、1990年和1995年。

请问王是哪一年搬的家？

A. 1985年。

B. 比1990年早。

C. 1990年。

D. 1995年。

E. 无法判断。

【答案】D

考点分析	综合推理——多维配对题（☆☆☆）
步骤详解	
第一步	读问题，观察主要信息"王是哪一年搬的家"
第二步	观察题干并识别题型为"多维配对"，用同类标记法来进行解题（题干已分类）。 姓氏为：张、王、李。 名字为：真、善、美。 村庄为：松庄、竹庄、梅庄。 搬家时间为：1985年、1990年和1995年
第三步	根据信息（1）可知，李生活在竹庄；根据（2）可知，姓李对应名善；根据（3）可知，名美不对应姓张，则名美只能对应姓王
第四步	结合问题，得出结论"王美在1995年搬家"

  小贴士

多维配对的题目所包含的信息往往错综复杂，一般可结合同类标记法，使信息得以清晰呈现。

母题剖析

【例6】3位在高街区不同商店工作的女店员都需要穿工作服上班，并且已知以下信息：

（1）张在半岛商店工作，它不是一家面包店。

（2）王每天都穿黄色的工作服上班。

（3）小货郎商店的女店员都穿蓝色的工作服。

（4）李在一家药店工作。

女店员：张、王、李。

商店类型：面包店、药店、零售店。

商店名称：半岛商店、家家乐商店、小货郎商店。

工作服颜色：蓝色、粉色、黄色。

以下关于每个店员所在的商店名称、商店的类型以及她们工作服的颜色的说法完全正确的一项是？

A. 张的工作服颜色是蓝色并且所在商店类型是零售商店。

B. 王所在商店的名称是家家乐并且工作服颜色是黄色。

C. 李所在商店不是小货郎。

D. 王所在商店不是面包店。

E. 张工作服的颜色是粉色并且所在商店是面包店。

【答案】B

考点分析	综合推理——多维配对题（☆☆☆）
步骤详解	
第一步	读问题，观察主要信息"说法完全正确的"

续表

	步骤详解
第二步	观察题干并识别题型为"多维配对"，用同类标记法来进行解题（题干已分类）。 女店员：张、王、李。 商店类型：面包店、药店、零售店。 商店名称：半岛商店、家家乐商店、小货郎商店。 工作服颜色：蓝色、粉色、黄色
第三步	根据信息（1）张在半岛商店工作；（2）王穿黄色工作服；（3）小货郎商店店员穿蓝色工作服，可得王——家家乐；李——小货郎商店；半岛商店的员工穿粉色衣服。 女店员：张、王、李。 商店类型：面包店、药店、零售店。 商店名称：半岛商店、家家乐商店、小货郎商店。 工作服颜色：蓝色、粉色、黄色
第四步	结合条件（4）李在一家药店工作+（1）张不是一家面包店，可知张只能在零售店。 女店员：张、王、李。 商店类型：面包店、药店、零售店。 商店名称：半岛商店、家家乐商店、小货郎商店。 工作服颜色：蓝色、粉色、黄色
第五步	对应答案，选项B正确

 小贴士

多维配对的题目所包含的信息往往错综复杂，一般可结合同类标记法，使信息得以清晰呈现。

拓展测试

【拓展】清北大学研究生宿舍的三名学生甲、乙、丙，他们分别来自北京、天津、河北。同时，他们三个的专业也不同，分别是企业管理、行政管理和公共管理。已知：

（1）甲不是学企业管理的，乙不是学公共管理的，丙不是学行政管理的。

（2）学企业管理的不来自天津，学公共管理的不来自北京。

（3）乙不来自河北，丙不来自北京。

（4）学行政管理的学生经常同来自河北的学生还有学企业管理的同学一起吃饭。

根据上述信息，可以得出以下哪项？

A. 企业管理的学生是乙，来自天津。

B. 行政管理的学生是甲，来自天津。

C. 公共管理的学生不是丙，丙来自河北。

D. 行政管理的学生是乙，来自北京。

E. 公共管理的学生是甲，来自天津。

【思考题】"立春""春分""立夏""夏至""立秋""秋分""立冬""冬至"是我国二十四节气中的八个节气，"凉风""广莫风""明庶风""条风""清明风""景风""阊阖风""不周风"是八种节风。上述八个节气与八种节风之间一一对应。已知：

（1）"立秋"对应"凉风"。

（2）"冬至"对应"不周风""广莫风"之一。

（3）若"立夏"对应"清明风"，则"夏至"对应"条风"或者"立冬"对应"不周风"。

（4）若"立夏"不对应"清明风"或者"立春"不对应"条风"，则"冬至"对应"明庶风"。

根据上述信息，可以得出以下哪项？

A. "秋分"不对应"明庶风"。

B. "立冬"不对应"广莫风"。

C. "夏至"不对应"景风"。

D. "立夏"不对应"清明风"。

E. "春分"不对应"阊阖风"。

参考答案及解析

【拓展】 B

【解析】 第一步：由条件（4）可得，河北的学生学习的是公共管理。再结合条件（2）学企业管理的不来自天津可得，学企业管理的来自北京。进而可得，学习行政管理的只能来自天津。第二步：进而条件（1）转化为甲不是北京的，乙不是河北的，丙不是天津的。结合条件（3）乙不来自河北，丙不来自北京可得，丙来自河北，学公共管理，因此排除选项CE。再结合条件（1）甲不是学企业管理的，乙不是学公共管理的可得，甲学习的是行政管理，来自天津。因此，选项B正确。

【思考题】 B

【解析】 （1）为确定信息；（4）根据（2）的内容做递否，得出立夏对应清明风，立春对应条风；（3）根据（4）的结论推出立冬对应不周风；（2）根据（3）的结论推出冬至对应广莫风。

知识小结

做题步骤：

（1）确认维度。

（2）使用同类标记模型，并解读表格规则。

（3）按照顺序使用已知信息/条件，并依此将确定信息填入模型中。

（4）结合所填模型信息和规则进行深度推理，直到推出答案。

思维导图

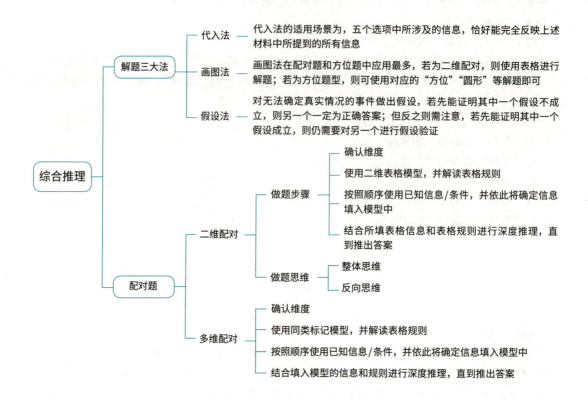

综合推理
- 解题三大法
  - 代入法 —— 代入法的适用场景为，五个选项中所涉及的信息，恰好能完全反映上述材料中所提到的所有信息
  - 画图法 —— 画图法在配对题和方位题中应用最多，若为二维配对，则使用表格进行解题；若为方位题型，则可使用对应的"方位""圆形"等解题即可
  - 假设法 —— 对无法确定真实情况的事件做出假设，若先能证明其中一个假设不成立，则另一个一定为正确答案；但反之则需注意，若先能证明其中一个假设成立，则仍需要对另一个进行假设验证
- 配对题
  - 二维配对
    - 做题步骤
      - 确认维度
      - 使用二维表格模型，并解读表格规则
      - 按照顺序使用已知信息/条件，并依此将确定信息填入模型中
      - 结合所填表格信息和表格规则进行深度推理，直到推出答案
    - 做题思维
      - 整体思维
      - 反向思维
  - 多维配对
    - 确认维度
    - 使用同类标记模型，并解读表格规则
    - 按照顺序使用已知信息/条件，并依此将确定信息填入模型中
    - 结合填入模型的信息和规则进行深度推理，直到推出答案

章节测试

扫码观看
章节测试讲解

1. 张明、李英、王佳和陈蕊四人在一个班组工作，他们来自江苏、安徽、福建和山东四个省，每个人只会说原籍的一种方言。现已知福建人会说闽南方言，山东人学历最高且会说中原官话，王佳比福建人的学历低，李英会说徽州话并且和来自江苏的同事是同学，陈蕊不懂闽南方言。根据以上陈述，可以得出以下哪项？
   A. 陈蕊不会说中原官话。　　　　　　　B. 张明会说闽南方言。
   C. 李英是山东人。　　　　　　　　　　D. 王佳会说徽州话。
   E. 陈蕊是安徽人。

2. 某地举办了一次"我所喜欢的导演、演员"评选活动，评委要在得票最多的四位当选人中确定两对导演、演员分别获得金奖和银奖，每个人都只能获得其中一个奖项。这四位当选人中，一位是上海的女演员，一位是北京的男演员，一位是重庆的女导演，一位是大连的男导演。不论在金奖还是在银奖中，评委都不希望出现男演员和女导演配对的情况。

以下哪项是评委所不希望出现的结果？

A. 获金奖的一对中，一位是北京演员；获银奖的一对中，一位是女导演。

B. 获金奖的一对中，一位是上海演员；获银奖的一对中，一位是女导演。

C. 获金奖的一对中，一位是男导演；获银奖的一对中，一位是女演员。

D. 获银奖的一对中，一位是男演员，另一位是大连导演。

E. 获金奖的一对中，一位是上海演员，另一位是重庆导演。

3. 三位导师张教授、李教授、王教授和三位研究生甲、乙、丙之间具有师生关系（一位导师对应一位研究生），每对师生在A、B、C三间工作室中的一间工作或研究。目前知道以下几条线索：（1）丙不是王教授的学生，也不在B工作室研究；（2）张教授不是乙的导师，也不在A工作室工作；（3）如果在A工作室研究的是乙或丙，王教授就在C工作室工作；（4）如果王教授是甲或乙的导师，李教授就不在A工作室工作。根据以上信息，以下哪一项是真的？

A. 李教授在C工作室工作。　　　　　B. 甲在B工作室研究。

C. 张教授和乙是师生关系。　　　　　D. 张教授和丙是师生关系。

E. 甲的导师是李教授。

4. 联合国召开国际会议，4位代表围桌而坐，侃侃而谈。他们用了汉、英、法、德4种语言。现在已知：

（1）甲、乙、丙各会两种语言，丁只会一种语言。

（2）有一种语言4人中有3人都会。

（3）甲会德语，丁不会德语，乙不会英语。

（4）甲与丙、丙与丁不能直接交谈，乙与丙可以直接交谈。

（5）没有人既会德语，又会法语。

根据以上信息，可以得出以下哪项结论？

A. 甲会说汉语和德语，乙会说法语和德语。

B. 丙会说法语和英语，丁会说德语。

C. 甲会说汉语和德语，丙会说法语和汉语。

D. 乙会说法语和汉语，丁会说汉语。

E. 甲会说汉语和英语，丁会说英语。

5. 某公司有一栋6层的办公楼，公司的财务部、企划部、行政部、销售部、人力资源部、研发部6个部门在此办公，每个部门占据其中的一层。已知：

（1）人力资源部、销售部两个部门所在的楼层不相邻。

（2）财务部在企划部下一层。

（3）行政部所在的楼层在企划部的上面，但是在人力资源部的下面。

如果财务部在第三层，下列哪项可能是正确的？

A. 研发部在第五层。

B. 研发部在销售部的上一层。

C. 行政部不在企划部的上一层。

D. 销售部在企划部的上面某层。

E. 研发部在企划部的上面某层。

6 ～ 7题基于以下题干：

某兴趣爱好社团准备了4个主题活动"方言文化""古代服饰大赏""钟鼎溯源""诗词鉴赏"，想邀请社员参与。方智、古睿、荀慧、钟聪、墨灵、诗敏6人从中选取自己喜欢的活动，每人选两种活动参加，每种活动都有3个人选择，并且每人所选的活动名称第一个字和自己的姓氏均不相同。已知：

（1）没有人既选"诗词鉴赏"，又选"古代服饰大赏"。

（2）方智如果选"古代服饰大赏"，那么他也会选"诗词鉴赏"。

（3）如果荀慧选"古代服饰大赏"，那么方智和荀慧有且只有一人选择"钟鼎溯源"。

（4）如果荀慧不选"钟鼎溯源"，那么墨灵和诗敏都不选"钟鼎溯源"。

6. 根据上述信息，可以得出以下哪项？

　　A. 方智选的两个活动是"古代服饰大赏"和"诗词鉴赏"。

　　B. 古睿选"钟鼎溯源"。

　　C. 墨灵选"方言文化"。

　　D. 诗敏选的两个活动是"方言文化"和"钟鼎溯源"。

　　E. 钟聪选的两个活动是"古代服饰大赏"和"方言文化"。

7. 如果墨灵不选"方言文化"，那么以下哪项一定为真？

　　A. 方智选了"古代服饰大赏"和"钟鼎溯源"。

　　B. 荀慧选了"方言文化"和"诗词鉴赏"。

　　C. 古睿选了"方言文化"和"诗词鉴赏"。

　　D. 钟聪选了"古代服饰大赏"和"钟鼎溯源"。

　　E. 墨灵选了"方言文化"和"诗词鉴赏"。

8 ～ 9题基于以下题干：

5位大学生赵、钱、孙、李、周为了准备暑期行，打算分别去哈尔滨、杭州、佛山、福州、苏州感受不同的风土人情（顺序不定），每位学生只去一个旅游地并且每个旅游地只有一个人前往。已知：

（1）如果赵去哈尔滨旅行，钱就去苏州旅行。

（2）只有孙去福州旅行，李才去佛山旅行。

（3）或者钱去苏州旅行，或者周去福州旅行。

（4）去苏州旅行的学生临行前曾与钱、李话别。

8. 根据以上信息，可以得出以下哪项？

　　A. 赵不去苏州。　　　　　　　　B. 钱不去杭州。

　　C. 孙不去哈尔滨。　　　　　　　D. 李不去佛山。

　　E. 周不去福州。

9. 如果孙去杭州，则可以得出以下哪项？

　　A. 周去哈尔滨。　　　　　　　　B. 钱去福州。

　　C. 李去苏州。　　　　　　　　　D. 周去佛山。

　　E. 赵去苏州。

10. 台球俱乐部应比赛举办方要求，派周瑜、黄盖、李曼、孙奇和秦明五人去沈阳、北京、上海和杭州参赛，这五人中每人都需要去2个城市参加比赛，且每个城市都有2～3人去。已知：

（1）若周瑜去北京参赛，则李曼不去上海参赛。

（2）李曼和秦明总是一起参加比赛。

（3）孙奇和黄盖只去南方城市参加比赛。

根据以上信息，可以得出以下哪项？

A. 周瑜去沈阳和北京。   B. 黄盖去沈阳和上海。

C. 李曼去北京和上海。   D. 孙奇去沈阳和杭州。

E. 秦明去沈阳和北京。

参考答案及解析

 答案速查

1. B	2. B	3. D	4. D	5. B
6. E	7. C	8. D	9. E	10. E

 答案解析

1.【答案】B

【解析】由题干可知：人、原籍和方言是一一对应关系，福建人对应闽南方言。由王佳比福建人的学历低得：王佳不是福建人（闽南方言）；由李英会说徽州话得：李英不是福建人（闽南方言）；陈蕊不懂闽南方言。因此，会说闽南方言的是张明。

2.【答案】B

【解析】题干中不希望出现的结果：男演员和女导演配对，即北京男演员不能和重庆女导演配对，同时意味着上海的女演员不能和大连的男导演配对，选项B中，金奖获得者为上海女演员，这就意味着银奖的获得者是男演员，同时金奖获得者是女导演，这是评委所不希望出现的。

3.【答案】D

【解析】结合（1）得，（4）的前件为真，即王教授是甲或乙的导师，进而得出：李教授不在A工作室工作。找共同话题，因此结合（2）张教授也不在A工作室工作得，王教授在A工作室。顺藤摸瓜，结合（3）逆否推出：在A工作室的不是乙，也不是丙，因此是甲。即甲是王教授的学生，排除选项BE；同时，结合（2）张教授不是乙的导师可得，张教授是丙的导师，选项D正确。（注意，在剩两个要素时，否定的表达也是确定条件。甲已经是王教授的学生，就剩乙和丙，张教授不是乙的导师=张教授是丙的导师。）

4.【答案】 D

【解析】 整理题干信息初步可得：

语种	甲（2种）	乙（2种）	丙（2种）	丁（1种）
汉语	√［（2）］	√［（2）］	×［（2）］	√［（2）］
英语		×［（3）］		
法语	×［（5）］	√［（3）］	√［（1）］	×［（1）］
德语	√［（3）］		×［（1）］	×［（3）］

根据信息（4）甲和丙不能直接交流，说明甲丙两人的语言完全相反，因此丙会法语但不会德语，丙丁不能交流，所以丁不会法语；

因为乙不会英语，甲丙语言完全相反，因此两人中必有一人不会英语，所以三人都会的语言只有汉语，因为甲和丙、丙和丁不能交流，所以丙不会汉语；

乙丙能交流，所以乙会法语。

最后根据每人会的语言数目补齐表格：

语种	甲（2种）	乙（2种）	丙（2种）	丁（1种）
汉语	√	√	×	√
英语	×	×	√	×
法语	×	√	√	×
德语	√	×	×	×

5.【答案】 B

【解析】 根据已知信息"财务部在第三层"，结合（2）可得出"企划部在第四层"；再结合（3）可知"行政部在第五层、人力资源部在第六层"；那么，剩余的销售部和研发部在第一层、第二层（但无法具体确定）。故对应答案，选项B正确。

6.【答案】 E

【解析】 本题为配对题型，可利用表格来梳理信息（名字与活动的首字均不相同）：

种类	方智	古睿	荀慧	钟聪	墨灵	诗敏
方	×					
古		×				
钟				×		
诗						×

由（1）可知，"诗词鉴赏"与"古代服饰大赏"只能二选一，而方智还需满足参与2种活动这一条件，故方智必须参加"钟鼎溯源"。由（4）可知，若荀慧不选"钟鼎溯源"，那么将有墨灵和诗敏也不参加，而钟聪必然不参加，故参加"钟鼎溯源"的只有2人，与规定的"每种活动都有3个人选择"不相符，因此可知荀慧选择"钟鼎溯源"。那么，（3）需做逆否，得出：

荀慧不参加"古代服饰大赏"。而（2）的前提与确定条件（1）矛盾，故方智不选"古代服饰大赏"，只剩选择"诗词鉴赏"，排除选项A。那么从表可知，选择"古代服饰大赏"的为钟聪、墨灵、诗敏，根据（1）钟聪不能选择"诗词鉴赏"，故钟聪剩余只可选择"方言文化"。对应答案，选项E正确。

种类	方智	古睿	荀慧	钟聪	墨灵	诗敏
方	×			√		
古	×	×	×	√	√	√
钟	√		√	×		
诗	√			×		×

7.【答案】C

【解析】根据上题推理的结果以及墨灵不选择"方言文化"可得出，墨灵只能在"钟鼎溯源"与"诗词鉴赏"中二选一，而根据（1）可知，墨灵只能选择"钟鼎溯源"。

种类	方智	古睿	荀慧	钟聪	墨灵	诗敏
方	×	√		√	×	
古	×	×	×	√	√	√
钟	√	×	√	×	√	×
诗	√	√		×	×	×

根据本题规则，"每种活动都有3个人选择"，可得出古睿、诗敏不选"钟鼎溯源"；那么古睿剩余"方言文化""诗词鉴赏"需选择。对应答案，选项C正确。

8.【答案】D

【解析】本题为配对题型，根据确定条件（4）可知，去苏州旅行的不是钱和李；根据条件（3）钱不去苏州，则周要去福州；再结合（2）逆否可知，李不去佛山。因此，选项D正确。

9.【答案】E

【解析】本题为配对题型，可梳理上题得出的信息：

地点	赵	钱	孙	李	周
哈尔滨	×		×		×
杭州			√		×
佛山			×	×	×
福州	×	×	×	×	√
苏州		×	×	×	×

根据条件（1）逆否可知，赵不去哈尔滨。补充条件为"孙去杭州"，则其他地方不去。根据表格可知，"赵只能去苏州"。因此，选项E正确。

10. 【答案】E

【解析】本题为配对题，可根据题干要求画出表格：

地点	周瑜	黄盖	李曼	孙奇	秦明
沈阳		×	√	×	√
北京		×	√	×	√
上海		√	×	√	×
杭州		√	×	√	×

由确定信息（3）可知，孙奇和黄盖只能选择上海和杭州；根据条件（2）可知，李曼和秦明要一起参加比赛，但"每个城市都有2～3人去"，故二人不能去"上海和杭州"，那么只能选择沈阳和北京。故对应答案，选项E正确。

第六章　方　位　题

考点考频分析

考点	频率	难度	知识点
排序题型	中	☆☆	排序题模型
分组题型	中	☆☆	分组题模型
方位题型	高	☆☆☆	坐标定位法

考点一　排序题型

一、题型特点

（1）题干场景是进行多个对象的排序。

（2）常常会一题两问，甚至三问，属于大分题，难度中等。

二、做题步骤

解题步骤	常见套路	解读	
第一步：确定题干场景并解读排序规则	先把位置坐标摆好	1　2　3　4　5　6　7	
第二步：使用确定的位置信息	把确定位置放入坐标	1　2　3　4　5　6　7 　　　F　G	
第三步：解读并使用其他信息。 （1）补充信息； （2）相关信息； （3）重复项信息； （4）不确定信息	否定位置信息	A不在4号位置	A≠4
	顺序类信息	A在B前面	A<B
	绑定类信息	C和D相邻	CD或DC
	隔离类信息	E和F不相邻	E□F
	推理信息	如果A在3号位，B就在5号位	A3→B5
第四步：结合落入位置的信息和排序规则进行推理，直到推出答案或者将选项一一代入验证确定答案			

试一试 ✖
（1）F必须排在第二位。 （2）J不能排在第七位。 （3）G既不能紧挨在H的前面，也不能紧接在H的后面。 （4）H必定在L前面的某个位置。 （5）L必须在M前面的某个位置

三、做题思维

1. 特值思维

在面对多种可能性的问题时，需要进行不同情况的分类讨论。例如下题中的"7个庭院排序，'金''月'两庭院间隔的庭院数与'木''水'两庭院间隔的庭院数相同"，可能性的情况有很多，依次讨论必然可以解出答案。但是，想要快速解题，只需从中挑选出一种特殊的情况来进行分析，其得出的答案可以满足选项的需求即可。

母题剖析

【例1】某皇家园林依中轴线布局，从前到后依次排列着七个庭院。这七个庭院分别以汉字"日""月""金""木""水""火""土"来命名。已知：

（1）"日"字庭院不是最前面的那个庭院。

（2）"火"字庭院和"土"字庭院相邻。

（3）"金""月"两庭院间隔的庭院数与"木""水"两庭院间隔的庭院数相同。

根据上述信息，下列哪个庭院可能是"日"字庭院？

A. 第一个庭院。 B. 第二个庭院。

C. 第四个庭院。 D. 第五个庭院。

E. 第六个庭院。

【想一想】"金""月"两庭院间隔的庭院数与"木""水"两庭院间隔的庭院数是否相同？

画一画 ✎
间隔为0：金 月 木 水——剩余的3个可放置 间隔为1：金 木 月 水——剩余的3个仍可放 间隔为2：金 木 ＿ 月 水——不影响其他（火土相邻） 间隔为3：金 木 ＿ ＿ 月 水——不影响其他（火土相邻） 间隔为4：金 木 ＿ ＿ ＿ 月 水——不影响其他（火土相邻）

【答案】D

考点分析	综合推理——排序（☆☆☆）
步骤详解	
第一步	读问题，观察主要信息"哪个庭院可能是'日'字庭院"
第二步	观察题干并识别题型为"排序题"，放好位置：1 2 3 4 5 6 7

续表

	步骤详解
第三步	根据信息（1）可知，"日"字庭院不是1号位置，故排除选项；由（2）可知，"火"字庭院和"土"字庭院相邻，二者捆绑作为整体；分析（3）可知，"金""月"两庭院间隔的庭院数与"木""水"两庭院间隔的庭院数也可为0、1、2或3，此时只需取其中一个值来做分析即可。若间隔为0，"金与月"为一个整体、"木与水"为一个整体。那么，"日"的位置可能是3号、5号、7号
第四步	对应答案，选项D正确

2. 整体假设思维

排序题中，常见一些绑定信息与顺序信息，二者可组成"一连串"的位置排序。此时，可将其看作整体，来假设"最前方"的元素位置不可能在何处。

母题剖析

【例2】一位音乐制作人正在一张接一张地录制7张唱片：F、G、H、J、K、L和M，但不必按这一次序录制。安排录制这7张唱片的次序时，必须满足下述条件：

（1）F必须排在第二位。

（2）J不能排在第七位。

（3）G既不能紧挨在H的前面，也不能紧接在H的后面。

（4）H必定在L前面的某个位置。

（5）L必须在M前面的某个位置。

如果M在J和K之前的某个位置，下面哪一项一定是真的？

A. K第七。

B. L第三。

C. H或者紧挨在F的前面或者紧接在F的后面。

D. L或者紧挨在G的前面或者紧接在G的后面。

E. K第六。

【想一想】H必定在L前面的某个位置；L必须在M前面的某个位置；M在J和K之前的某个位置？

画一画

【答案】C

考点分析	综合推理——排序（☆☆☆）
	步骤详解
第一步	读问题，观察主要信息"如果M在J和K之前的某个位置，下面哪一项一定是真的"，本问题中有补充条件，可先做分析： M J K（M在前，但J和K谁前谁后未知）

续表

步骤详解	
第二步	观察题干并识别题型为"排序题"，放好位置： 1　2　3　4　5　6　7
第三步	分析题干信息： （1）F必须排在第二位——F为2 （2）J不能排在第七位——J≠7 （3）G既不能紧挨在H的前面，也不能紧接在H的后面——G不与H相邻 （4）+（5）+补充条件=H　L　M　J　K（大致排位） 1　2　3　4　5　6　7 F
第四步	按照上述分析，H不可能在4号以及之后的位置，故H为1号或者3号的位置。对应选项，选项C正确

 小贴士

在排序题目中，当出现多种可能性的情况时，可用特殊情况来做直接推理。

知识小结

（1）做题步骤：
①确定题干场景，并解读排序规则；
②使用确定的信息；
③解读并使用其他信息：补充信息、相关信息、重复项信息、不确定信息；
④结合落入位置的信息和排序规则进行推理，直到推出答案或者将选项一一代入验证确定答案。
（2）做题思维：特值思维；整体假设思维。

 考点二　分组题型

一、题型特点

（1）题干场景是进行多个对象的分组（如：A、B、C组，参加组与非参加组）。
（2）常常会一题两问，甚至三问，属于大分题，难度中等。

二、做题步骤

解题步骤	常见内容
第一步：确认题干场景并解读分组规则	先列出每个组，比如A、B、C组

续表

解题步骤	常见内容
第二步：使用确定信息，将已知对象填入具体的组中	· 绝对分组信息，直接将确定对象填入确定的组； · 相对分组信息，则需要通过其他已知规则推理，甚至用假设思维处理
第三步：解读并使用其他信息： （1）补充信息； （2）相关信息； （3）重复项信息； （4）不确定信息	· 尽可能使用简单的标记方式将文字条件转换成标记； · 相关信息先行，因为基本可以确定地落入分组表格中； · 不确定信息往往要和分组规则进行结合，才可以推出有效结论
第四步：结合落入位置的信息和分组规则进行推理，直到推出答案或者将选项——代入验证确定答案	

三、做题思维——数学分配

分组题往往不会直接说明每组分配的人数，需要在题目的数量关系信息中，先对分组进行明确的数量分配，再按照提示进一步分析。

【试练1】某大学运动会即将召开，经管学院拟组建一支12人的代表队参赛，参赛队员将从该院4个年级的学生中选拔。学校规定：每个年级都必须在长跑、短跑、跳高、跳远、铅球等5个项目中选择1～2项参加比赛，其余项目可任意选择；一个年级如果选择长跑，就不能选择短跑或跳高；一个年级如果选择跳远，就不能选择长跑或铅球；每名队员只参加1项比赛。已知该院：

（1）每个年级均有队员被选拔进入代表队。

（2）每个年级被选拔入代表队的人数各不相同。

（3）有两个年级的队员人数相乘等于另一个年级的队员人数。

画一画

【试练2】甲、乙、丙、丁、戊5人是某校美学专业2019级研究生，第一学期结束后，他们在张、陆、陈3位教授中选择导师，每人只选择1人作为导师，每位导师都有1至2人选择，并且得知：

（1）选择陆老师的研究生比选择张老师的研究生多。

（2）若丙、丁中至少有1人选择张老师，则乙选择陈老师。

（3）若甲、丙、丁中至少有1人选择陆老师，则只有戊选择陈老师。

画一画

【试练3】 本科生小刘拟在4个学年中选修甲、乙、丙、丁、戊、己、庚、辛8门课程，**每个学年选修其中的一到三门课程。每门课程均在其中的一个学年修完。**同时还满足：

（1）后三个学年选修的课程数量均不同。

（2）丙、己和辛课程安排在一个学年，丁课程安排在紧接其后的一个学年。

（3）若第4学年至少选修甲、丙、丁中的一门课程，则第一学年仅选修戊、辛两门课程。

画一画 ✏️

🔵 **母题剖析**

【例3】 本科生小刘拟在4个学年中选修甲、乙、丙、丁、戊、己、庚、辛8门课程，每个学年选修其中的一到三门课程。每门课程均在其中的一个学年修完。同时还满足：

（1）后三个学年选修的课程数量均不同。

（2）丙、己和辛课程安排在一个学年，丁课程安排在紧接其后的一个学年。

（3）若第4学年至少选修甲、丙、丁中的一门课程，则第一学年仅选修戊、辛两门课程。

如果乙在丁之前的学年选修，则可以得出哪项？

A. 乙在第一学年选修。　　　　　　　　B. 乙在第二学年选修。

C. 丁在第二学年选修。　　　　　　　　D. 丁在第四学年选修。

E. 戊在第一学年选修。

【答案】 A

考点分析	综合推理——分组（☆☆☆）		
步骤详解			
第一步	读问题，观察主要信息"如果乙在丁之前的学年选修，则可以得出哪项"，本问题中有补充条件，可先做标注		
第二步	观察题干并识别题型为"分组题"，做好分组： 学年1：　　　　　学年2：　　　　　学年3：　　　　　学年4：		
第三步	分析题干信息： （1）"后三个学年选修的课程数量均不同"＋"共8门课程，每个学年选修其中的一到三门课程"＝后三个学年的数量为1，2，3（但具体的对应未知），那么第一学年的课程数量为2； （2）丙、己和辛课程安排在一个学年＋（3）第一学年仅选修戊、辛两门课程，可得出"第一学年不可能有辛"，故条件（3）否后推出否前，则"第4学年不可能选修甲、丙、丁"； 再综合（2）"丙、己和辛课程安排在一个学年，丁课程安排在紧接其后的一个学年"可知，丁只能在第3学年，那么丙、己、辛在第2学年		
第四步	根据补充条件"乙在丁之前的位置"，第2学年数量已满，故乙只能在第1个学年。对应答案，选项A正确		

小贴士

涉及分配的分组题，要先搞清楚正确的数量关系。

知识小结

（1）做题步骤：

①确认题干场景，并解读分组规则；

②使用确定信息，将已知对象填入具体的组中；

③解读并使用其他信息：补充信息、相关信息、重复项信息、不确定信息；

④结合落入位置的信息和分组规则进行推理，直到推出答案或者将选项一一代入验证确定答案。

（2）做题思维：数学分配。

考点三　方位题型

一、题型特点

（1）题干场景是进行多个对象的位置分配（方位多变）。

（2）常常会一题两问，甚至三问，属于大分题，难度偏难。

二、做题步骤

解题步骤	常见内容
第一步：确认题干场景，并解读方位规则	先标记出各个方位，比如东南西北四个位置（有些题会附图给出方位，只需解读规则）
第二步：使用确定信息，将已知对象填入具体的方位	·绝对位置信息，直接将确定对象填入确定的位置； ·相对位置信息，则需要通过其他已知规则推理，甚至用假设思维处理
第三步：解读并使用其他信息。 （1）补充信息； （2）相关信息； （3）重复项信息； （4）不确定信息	·尽可能使用简单的标记方式将文字条件转换成标记； ·相关信息先行，因为基本可以确定地落入具体方位中； ·不确定信息往往要和方位规则进行结合，才可以推出有效结论
第四步：结合落入位置的信息和方位规则进行推理，直到推出答案或者一一代入选项验证确定答案	

母题剖析

【例4】某乡镇进行新区规划，决定以市民公园为中心，在东西南北分别建设一个特色社区。

这四个社区分别定位为：文化区、休闲区、商业区和行政服务区。

已知：行政服务区在文化区的西南方向，文化区在休闲区的东南方向。

根据以上陈述，可以得出以下哪项？

A. 市民公园在行政服务区的北面。

B. 休闲区在文化区的西南方向。

C. 文化区在商业区的东北方向。

D. 商业区在休闲区的东南方向。

E. 行政服务区在市民公园的西南方向。

【答案】A

考点分析	综合推理——方位（☆☆☆）
步骤详解	
第一步	读问题，观察主要信息"可以得出以下哪项"
第二步	观察题干并识别题型为"方位题"，画好对应的方位图
第三步	分析题干信息可知： （1）行政服务区在文化区的西南方向——行政区在"西"或"南"、文化区在"北"或"东"； （2）文化区在休闲区的东南方向——文化区在"东"或"南"； 综合（1）（2）可知，文化只能在"东"，因此行政区在南、休闲区在北 休闲区 ↑ 北 西 东 ← → 文化区 行政区 ↓ 南
第四步	题干中说明"以市民公园为中心"，故对应答案，选项A正确

小贴士

解答东西南北的方位题时，配合方位图来推理会更加直观清晰。

拓展1～2题基于以下题干：

丰收公司邢经理需要在下个月赴湖北、湖南、安徽、江西、江苏、浙江、福建7省进行市场需求调研，各省均调研一次。他的行程需满足以下条件：

（1）第一个或最后一个调研江西省。

（2）调研安徽省的时间早于浙江省，在这两省的调研之间调研除了福建省的另外两省。

（3）调研福建省的时间安排在调研浙江省之前或刚好调研完浙江省之后。

（4）第三个调研江苏省。

【拓展1】如果邢经理首先赴安徽省调研，则关于他的行程可以确定以下哪个选项？

A. 第二个调研湖北省。

B. 第二个调研湖南省。

C. 第五个调研福建省。

D. 第五个调研湖北省。

E. 第五个调研浙江省。

【拓展2】如果安徽省是邢经理第二个调研省份，则关于他的行程，可以确定以下哪个选项？

A. 第一个调研江西省。

B. 第四个调研湖北省。

C. 第五个调研浙江省。

D. 第五个调研湖南省。

E. 第六个调研福建省。

拓展3～4题基于以下题干：

某公司有F、G、H、I、M和P六位总经理助理、三个部门，每一个部门恰由三个总经理助理分管。每个总经理助理至少分管一个部门，以下条件必须满足：

（1）有且只有一位总经理助理同时分管三个部门。

（2）F和G不分管同一部门。

（3）H和I不分管同一部门。

【拓展3】以下哪项一定为真？

A. 有的总经理助理恰分管两个部门。

B. 任一部门由F或G分管。

C. M或P只分管一个部门。

D. 没有部门由F、M和P分管。

E. P分管的部门M都分管。

【拓展4】如果F和M不分管同一部门，则以下哪项一定为真？

A. F和H分管同一部门。

B. F和I分管同一部门。

C. I和P分管同一部门。

D. M和G分管同一部门。

E. M和P不分管同一部门。

拓展5～6题基于以下题干：

晨曦公园拟在园内东南西北四个区域种植四种不同的特色树木，每个区域只种植一种。选定的特色树种为：水松、银杏、乌桕和龙柏。布局和基本要求是：

（1）如果在东区或者南区种植银杏，那么在北区不能种植龙柏或乌桕。

（2）北区或东区要种植水松或者银杏。

【拓展5】根据上述种植要求，如果北区种植龙柏，以下哪项一定为真？

A. 西区种植水松。

B. 南区种植乌桕。

C. 南区种植水松。

D. 西区种植乌桕。

E. 东区种植乌桕。

【拓展6】根据上述种植要求，如果水松必须种植于西区或南区，以下哪项一定为真？

A. 南区种植水松。

B. 西区种植水松。

C. 东区种植银杏。

D. 北区种植银杏。

E. 南区种植乌桕。

【思考题】某单位有负责网络、文秘以及后勤的三名办公人员：文珊、孔瑞和姚薇。为了培养年轻干部，领导决定她们三人在这三个岗位之间实行轮岗，并将她们原来的工作间110室、111室和112室也进行了轮换。结果，原本负责后勤的文珊接替了孔瑞的文秘工作，由110室调到了111室。

根据以上信息，可以得出以下哪项？

A. 姚薇接替孔瑞的工作。

B. 孔瑞接替文珊的工作。

C. 孔瑞被调到了110室。

D. 孔瑞被调到了112室。

E. 姚薇被调到了112室。

参考答案及解析

【拓展1】 C

【解析】根据（1）可知，最后一个调研江西省。结合（2）（3）可列表如下：

1	2	3	4	5	6	7
安徽		江苏	浙江	福建		江西

因此，选项C正确。

【拓展2】 C

【解析】题干信息可以列表如下：

1	2	3	4	5	6	7
	安徽	江苏		浙江		

因此，选项C正确。注意不要误选选项E，因为福建省可以安排在第一个进行调研。

【拓展3】 A

【解析】 结合（2）与（3）可知，F、G、H、I四人已分配在四个不同的位置，而根据规则"三个部门，每一个部门恰由三个总经理助理分管"，总计有九个不同的位置。而条件（1）说明其中1个人拥有3个不同的位置，故剩余2个位置与1个人，那么必然有1个总经理助理恰分管两个部门。因此，选项A正确。

【拓展4】 C

【解析】 "F和M不分管同一部门"说明，F与M都不是"分管三个部门的总经理助理"，再结合（2）（3）可知I、G、H均不符合，故P为"分管三个部门的总经理助理"，那么P与任何人都为同一部门。因此，选项C正确。

【拓展5】 B

【解析】 由北区种龙柏，结合（1）可推出，（3）东区且南区不种银杏；由北区种龙柏，结合（2）可推出，（4）东区种水松或银杏。结合（3）和（4）可推出东区种水松。再由南区不种银杏，可知南区种乌柏。因此，选项B正确。

【拓展6】 D

【解析】 由水松必须种植于西区或南区，结合（2）可推出北区或东区种银杏。假设东区种植银杏，则结合（1）推出北区不能种龙柏或乌柏，水松种在西区或南区，推出北区四种均不能种，与题干不符，所以东区不能种植银杏，即北区种植银杏。

【思考题】 D

【解析】 本题解题关键是"三人轮岗"。"原本负责后勤的文珊接替了孔瑞的文秘工作，由110室调到了111室"，那么现在111室为文珊——文秘工作；此时孔瑞不可能去110做后勤，不然无法实现"三人轮岗"，故孔瑞被调到的是112做网络工作。因此，选项D正确。

知识小结

做题步骤：

（1）确认题干场景，并解读方位规则。

（2）使用确定信息，将已知对象填入具体的方位。

（3）解读并使用其他信息：补充信息、相关信息、重复项信息、不确定信息。

（4）结合落入位置的信息和方位规则进行推理，直到推出答案或者将选项一一代入验证确定答案。

思维导图

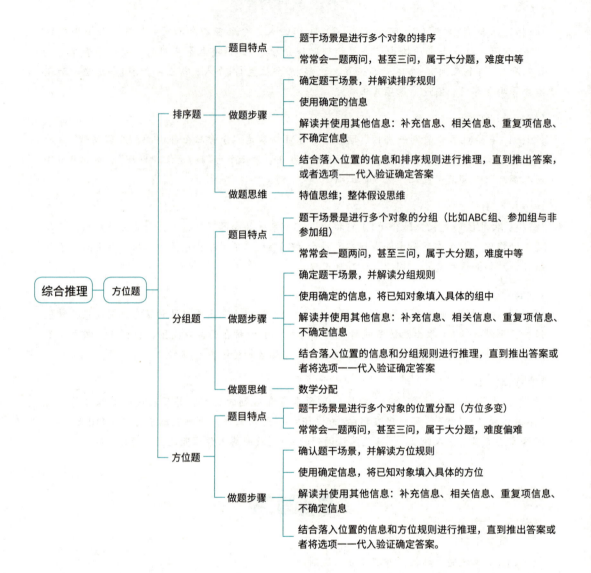

综合推理 — 方位题

排序题

- 题目特点
  - 题干场景是进行多个对象的排序
  - 常常会一题两问，甚至三问，属于大分题，难度中等

- 做题步骤
  - 确定题干场景，并解读排序规则
  - 使用确定的信息
  - 解读并使用其他信息：补充信息、相关信息、重复项信息、不确定信息
  - 结合落入位置的信息和排序规则进行推理，直到推出答案，或者选项——代入验证确定答案

- 做题思维
  - 特值思维；整体假设思维

分组题

- 题目特点
  - 题干场景是进行多个对象的分组（比如ABC组、参加组与非参加组）
  - 常常会一题两问，甚至三问，属于大分题，难度中等

- 做题步骤
  - 确定题干场景，并解读分组规则
  - 使用确定的信息，将已知对象填入具体的组中
  - 解读并使用其他信息：补充信息、相关信息、重复项信息、不确定信息
  - 结合落入位置的信息和分组规则进行推理，直到推出答案或者将选项——代入验证确定答案

- 做题思维
  - 数学分配

方位题

- 题目特点
  - 题干场景是进行多个对象的位置分配（方位多变）
  - 常常会一题两问，甚至三问，属于大分题，难度偏难

- 做题步骤
  - 确认题干场景，并解读方位规则
  - 使用确定信息，将已知对象填入具体的方位
  - 解读并使用其他信息：补充信息、相关信息、重复项信息、不确定信息
  - 结合落入位置的信息和方位规则进行推理，直到推出答案或者将选项——代入验证确定答案。

章节测试

扫码观看
章节测试讲解

1～2题基于以下题干：

张、李、赵、丁、周、方、王、胡8人参加了100米竞赛。比赛结果是：

（1）李、赵、丁3人中李最快，丁最慢。

（2）方的名次为张、赵名次的平均数。

（3）方比周高4个名次。

（4）王第四名。

（5）张比赵跑得快。

1. 根据以上信息，可以判断方一定为第几名？
   A. 二。 　　　　　　　　　　　　 B. 三。
   C. 五。 　　　　　　　　　　　　 D. 六。
   E. 七。

2. 如果丁不是最后一名，那么下列排列正确的一项是？
   A. 李、张、丁、王、赵、方、周、胡。
   B. 李、张、方、王、丁、赵、周、胡。
   C. 张、李、方、王、赵、胡、周、丁。
   D. 张、李、方、王、赵、丁、周、胡。
   E. 张、丁、方、王、赵、李、周、胡。

3. 某城市有5个公园，甲、乙、丙、丁、戊，它们由南到北基本在一条直线上，同时：乙与丁相邻并且在丁的北边；戊和甲相邻；丙在乙的北边。

   根据以上线索，可以推断5个公园由北到南的顺序可以是：
   A. 甲、丙、戊、乙、丁。 　　　　 B. 乙、丁、戊、甲、丙。
   C. 丙、甲、戊、乙、丁。 　　　　 D. 丙、丁、乙、甲、戊。
   E. 乙、丁、丙、戊、甲。

4. 在超市购物后，张林把七件商品放在超市的传送带上，肉松后面紧跟着蛋糕，酸奶后面接着放的是饼干，可口可乐汽水紧跟在水果汁后面，方便面后面紧跟着酸奶，肉松和饼干之间有两件商品，方便面和水果汁之间有两件商品，最后放上去的是一块蛋糕。

   如果上述断定为真，那么以下哪项也为真？

   Ⅰ. 水果汁在倒数第三的位置上。

   Ⅱ. 酸奶放在第二位。

   Ⅲ. 可口可乐汽水在中间。

   A. 仅Ⅰ。 　　　　　　　　　　　 B. 仅Ⅱ。
   C. 仅Ⅲ。 　　　　　　　　　　　 D. Ⅰ和Ⅱ。
   E. Ⅰ、Ⅱ和Ⅲ。

5. 一个钢琴教师有6个学生：G、H、J、S、T和U。在连续的6天中，这个钢琴教师每天上并且只上一次课；每次课给并且只给一个学生上。课程安排必须满足以下条件：

（1）H的课晚于J。

（2）U的课晚于S。

（3）S的课恰好在G的课三天之后。

（4）J的课或者是第一天，或者是第二天。

如果J的课安排在第一天，则以下哪个学生的课一定安排在第六天？

A. G   B. H

C. S   D. U

E. 不确定。

6. 一家剧院计划在秋季的7周上演7个剧目：F、G、J、K、O、R、S。每周上演一个剧目，每个剧目恰好演出一周，剧目的安排必须满足以下条件：

（1）G必须在第三周上演。

（2）O和S不能连续演出。

（3）K必须安排在J和S之前上演。

（4）F和J必须安排在连续的两周中演出。

如果O恰好被安排在J之前的那一周，以下哪项一定为真？

A. 把F安排在O之前。

B. K被安排在G之前的某一周。

C. R被安排在第一周或第二周。

D. S恰好安排在K之后的那一周。

E. K被安排在G之后的某一周。

7～9题基于以下题干：

西京医院要组成一个由医生和护士组成的科研攻关小组，医生组和护士组的成员来自以下七名员工：F、G、H、J、K、L和M。每个组的成员构成必须满足下列条件：

（1）每个组至少有三名员工。

（2）F和K不能在同一个组。

（3）如果K在某个组，J也必须在这个组。

（4）M至少是这两个组中的成员之一。

（5）两个组至少有一个共同的员工。

7. 以下哪项列出的是这两个组可接受的成员选择？

A. 医生组：F、G、H；护士组：G、J、K、L。

B. 医生组：F、H、J；护士组：G、H、L、M。

C. 医生组：F、H、M；护士组：G、K、L、M。

D. 医生组：F、H、J、K；护士组：H、L、M。

E. 医生组：F、L、M、K；护士组：H、J、G。

8. 如果医生组的成员由F、H、L和M组成，而且护士组的成员由G、H和J组成，那么K可以替换两组的哪一个成员而不违反任何给出的条件？

A. F   B. G
C. H   D. L
E. M

9. 如果医生组只有G、H和L三个成员，而且在条件允许的情况下，两个组拥有尽可能多的共同成员，那么以下哪项陈述一定真？
   A. 护士组和医生组恰好有一个共同成员。
   B. 护士组和医生组恰好有两个共同成员。
   C. 护士组和医生组成员的数量相同。
   D. 护士组的成员数量比医生组的少一个。
   E. 护士组成员的数量至少比医生组的多一个。

10. 五个儿童F、G、H、J、K和四个成年人Q、R、S、T分别乘坐1号、2号、3号三个游艇，每个游艇乘坐三人，以下条件必须满足：
    （1）每个游艇上至少有一名成年人。
    （2）F和J必须乘坐同一游艇。
    （3）G不能和T乘坐同一游艇。
    （4）H不能和R乘坐同一游艇。
    （5）H和T乘坐的都不是2号游艇。
    如果F和S乘坐3号游艇，则以下哪项一定为真？
    A. G乘坐2号游艇。   B. H乘坐3号游艇。
    C. K乘坐1号游艇。   D. Q乘坐2号游艇。

11～12题基于以下题干：
    残运会（特奥会）篮球比赛中，有甲、乙、丙、丁、戊和己六位选手参赛。根据比赛规则，这些人要分为两组进行对抗赛，每组三人且每次对抗都是一对一对战。已知：
    （1）六人中，有四人仅擅长投篮，有两人仅擅长突破。
    （2）每次对战都是擅长投篮的对抗擅长突破的。
    （3）每组中都有人擅长投篮，也有人擅长突破。
    （4）甲和丁对战过一次。
    （5）戊的队友中，只有乙擅长投篮。

11. 根据以上信息，谁和谁不可能在一组？
    A. 甲和戊。   B. 丙和己。
    C. 己和戊。   D. 丁和己。
    E. 丁和戊。

12. 以下哪项如果为真，可以确定己擅长突破？
    A. 丙擅长投篮。   B. 丙擅长突破。
    C. 丁和戊在同一组。   D. 戊和己在同一组。
    E. 甲和戊在同一组。

13. 有六位参赛者甲、乙、丙、丁、戊、己来参加舞蹈比赛，参赛者按下列条件排定次序：（1）每位参赛者只上台一次，并且在同一时间只有一位参赛者；（2）三位参赛者在午餐前上台，另三位在午餐后上台；（3）乙一定在午餐前上台；（4）仅有一位参赛者处在戊和己之间；（5）甲在第一位或第三位上台。

如果丙是第一位参赛者，那么谁一定是第二位参赛者？

A. 甲。   B. 乙。

C. 丁。   D. 戊。

E. 己。

14～15题基于以下题干：

张、李、王和刘四位教授要担任李华、王伟、小方、赵林、刘强、钱明、晓西这七位研究生的导师。每位研究生都是跟随一位导师；每位教授最多带两位研究生。研究生中，钱明和晓西是硕士生，其余是博士生。李华、王伟和钱明是男生，其余是女生。同时，以下条件必须满足：（1）张教授只带男研究生；（2）李教授只带一名研究生；（3）如果某位教授带一名硕士生，则必须带与这位硕士生性别相同的博士生。

14. 根据以上的条件，可以推断以下哪项肯定为真？

A. 李教授担任王伟的导师。

B. 刘教授担任小方的导师。

C. 张教授担任钱明的导师。

D. 张教授担任李华的导师。

E. 王教授担任赵林的导师。

15. 根据题干，可以推断以下哪项肯定为真？

A. 王教授至少担任一名女研究生的导师。

B. 王教授至少担任一名硕士研究生的导师。

C. 刘教授至少担任一名男研究生的导师。

D. 李教授至少担任一名硕士研究生的导师。

E. 王教授至少担任一名男研究生的导师。

参考答案及解析

 ## 答案速查

1. B	2. D	3. C	4. B	5. D
6. B	7. B	8. B	9. E	10. A
11. C	12. A	13. B	14. C	15. A

✅ 答案解析

1.【答案】B

【解析】整理题干信息可得：（1）李＞赵＞丁（按速度排名）；（2）张··方··赵（张赵位置不定，中间相隔的人数一样多）；（3）方···周（方和周中间隔了三个人）；（4）王=4；（5）张＞赵。由（3）可知，方和周的占位为5个位次长度，只有可能是：方1周5，方2周6，方3周7。因为方前面有张，所以方不可能是第1名；若方为第2名，根据（2）可知，张1方2赵3，因为李名次比赵高，所以也不成立，方只可能是第三名。

2.【答案】D

【解析】根据上题条件可直接做进一步推理：已知方在第3名，丁不在最后一名，可排除选项AC，之后再将剩下的选项代入题干中，检查是否成立。选项B，丁的名次在赵的前面，不成立。选项D，成立。选项E，丁的名次在李和赵的前面，不成立。

3.【答案】C

【解析】根据题干信息可以得到（左→右＝北→南）：（1）乙与丁相邻并且在丁北边＝乙丁，排除选项D；（2）戊和甲相邻，可以排除选项A；（3）丙在乙北边，可以排除选项BE。选项C代入成立。因此，选项C正确。

4.【答案】B

【解析】从确定信息出发，"最后放上去的是一块蛋糕"，再一次使用相关信息，最终排出位置为"方便面、酸奶、饼干、水果汁、可口可乐、肉松、蛋糕"。因此，选项B正确。

5.【答案】D

【解析】根据题干可知，J在第一位，综合所有信息可知大致的顺序排位为：JG（空2个）SU。故G的位置只能在第2位；S在第5位；U在第6位。对应答案，选项D正确。

6.【答案】B

【解析】根据题干信息可得：（1）G在第三周；（2）O和S不相邻；（3）K在J和S之前；（4）F和J相邻；（5）OJ相邻且顺序不变。根据信息（4）（5）可得顺序OJF，因为G在第3位，所以OJF的位置只有可能是4—6或者5—7。因此可知K只能在第1或者第2位。因此，选项B正确。

7.【答案】B

【解析】问题问的是"可接受"的成员选择，故考虑通过选项代入排除矛盾项。根据条件（2）排除选项DE，根据条件（3）排除选项C，根据条件（4）排除选项A。

8.【答案】B

【解析】问题问"不违反题干"，故考虑通过选项代入排除矛盾项。根据条件（2）可知F和K不能同组，故K不能替换H、L、M，排除选项CDE。根据条件（3）可知有K必须有J，故K也不能替换F，排除选项A。

9.【答案】E

【解析】题干有确定信息，使用代入法最简单。因为医生组只有G、H、L，故结合条件（4）可知M在护士组。而为了确保两组成员尽可能多，可以考虑将G、H、L放在护士组，此时不和任何条件矛盾。故护士组的成员至少比医生组多1。

10.【答案】A

【解析】由确定信息可得，F和S乘坐3号游艇。结合条件（2）可知，3号游艇的3人为F、S、J；由条件（5）可得H和T在1号游艇，再结合（3）和（4）得出G和R在2号游艇。因此，选项A正确。

11. 【答案】C

【解析】题干强调数量关系，故优先分析数量关系。根据条件（1）（2）可知，每组有2人擅长投篮，有1人擅长突破。根据条件（5）可知，戊所在的这一组，戊和乙擅长投篮，另1人擅长突破。根据条件（4）可知，甲、丁分别在两组。因此，戊、乙和甲、丁中的某一人是在同一组。验证选项可知，选项C中的己和戊必然不在一组。

12. 【答案】A

【解析】首先，问题要求补充前提，故考虑选项代入；其次，问题要求确定己擅长突破，要注意寻找关联条件。根据上一问第三步分析结果可知，丙、己和甲、丁中的另一人是同组。根据上一问第一步分析结果，进行逆向思考，要确定己擅长突破，就需要确定己的两个队友擅长投篮。而根据上一问第二步结果可知，甲和丁之间，和戊、乙在一队的人擅长突破，因此，结合条件（2）可知，甲和丁之间，和乙在一队的擅长投篮。因此，本题只需要确保丙擅长投篮即可。

13. 【答案】B

【解析】根据已知信息"丙是第一位"，结合（5）得出甲为第三位。条件（3）乙在午餐前上台，故第二位只能为乙。因此，选项B正确。

14. 【答案】C

【解析】本题为分组题目，需确定分组的数量关系。根据条件（2）与"每位教授最多带两位研究生"可得出李老师带1位学生，其余老师带2位学生。而张教授只带男研究生，故需考虑男生的数量，为"李华、王伟、钱明"3人。再结合条件（3），如果张教授带两位男博士，那么剩余的1名男硕士无法满足条件（3），故张教授只能是一名男硕士，一名男博士，那么钱明一定是张教授的学生。因此，选项C正确。

15. 【答案】A

【解析】根据上题推理，剩余的4名女生要分配给3个教授，而李教授只带1人，那么无论李教授带男生还是女生，剩余的王教授和刘教授必然至少有1名女生。因此，选项A正确。

第七章　真假话题

考点考频分析

考点	频率	难度	知识点
确定几真几假	低	☆☆	一符号，二关系，三推理 反例可以证伪，正例难证实

考点　确定型真假话题

一、做题步骤

解题步骤	常见套路	解读
第一步：符号化、标准化	负判断转标准判断	并非所有小学生都爱上体育课
	假言判断转选言判断	P→Q　　（P∧R）→Q
	直言判断代入对当六边阵	所有的S都是P　有些S不是P
第二步：找出判断之间的关系	首选：矛盾关系 必然占据一真一假	直言判断的矛盾判别 联言与选言判断的矛盾判别 假言判断的矛盾判别
	次选：反对关系 必有一真，未必有一假	有的S是P和有的S不是P P　　　和　　非P∨Q P∨Q　　和　　非P∨Q
	次选：反对关系 必有一假，未必有一真	所有S都是P和所有S都不是P P　　　和　　非P∧Q P∧Q　　和　　非P∧Q
	后选：包含关系 能够表示充分关系	所有S都是P和有的S是P P　　　和　　P∨Q P∧Q　　和　　P P∧Q　　和　　P∨Q P∀Q　　和　　P∨Q
第三步：用推导出来的真假判断数量与题干给出的真假判断数量比较，来确定其余判断的真假值		

母题剖析

【例1】 某班有一位同学做了好事没留下姓名，他是甲、乙、丙、丁四人中的一个。当老师问他们时，他们分别这样说：

甲："这件好事不是我做的。"

乙："这件好事是丁做的。"

丙："这件好事是乙做的。"

丁："这件好事不是我做的。"

这四人中只有一人说了真话，请你推出是谁做了好事？

A. 甲。　　　　　　　　　　　　　B. 乙。

C. 丙。　　　　　　　　　　　　　D. 丁。

E. 不能推出。

【答案】 A

考点分析	综合推理——真假话题（☆☆）
步骤详解	
第一步	读问题，观察主要信息"四人中只有一人说了真话，请推出是谁做了好事"
第二步	观察题干并识别题型为"真假话题"
第三步	根据做题步骤来解题： 将题干信息符号化：甲话—¬甲做；乙话—丁做；丙话—乙做；丁话—¬丁做。 判断信息之间的关系：丁做与¬丁做之间为矛盾关系，必有一真一假。 根据规则"4中只有1真"，故剩余的甲话和丙话为假命题，则甲话—¬甲做（假命题）—真命题为甲做了好事
第四步	对应答案，选项A正确

小贴士

真假话题按照"一公式、二关系、三推理"的步骤来做题，逻辑关系会快速梳理出来。

【例2】 某金库发生了失窃案。公安机关侦查确定，这是一起典型的内盗案，可以断定金库管理员甲、乙、丙、丁中至少有一人是作案者。办案人员对四人进行了询问，四人的回答如下：

甲："如果乙不是窃贼，我也不是窃贼。"

乙："我不是窃贼，丙是窃贼。"

丙："甲或者乙是窃贼。"

丁："乙或者丙是窃贼。"

后来事实表明，他们四人中只有一人说了真话。

根据以上陈述，以下哪项一定为假？

A. 丙说的是假话。　　　　　　　　B. 丙不是窃贼。

C. 乙不是窃贼。　　　　　　　　　D. 丁说的是真话。

E. 甲说的是真话。

【答案】 D

考点分析	综合推理——真假话题（☆☆）
步骤详解	
第一步	读问题，观察主要信息"四人中只有一人说了真话，以下哪项一定为假"
第二步	观察题干并识别题型为"真假话题"
第三步	根据做题步骤来解题： 将题干信息符号化：甲"¬乙→¬甲＝乙∨¬甲"；乙"¬乙∧丙"；丙"甲∨乙"；丁"乙∨丙"。 判断信息之间的关系："乙∨甲"与"甲∨乙"之间为必有一真的反对关系。 根据规则"4中只有1真"，故剩余的乙的话和丁的话为假命题
第四步	本题找选项中表述为假的，故对应答案，选项D当选

【例3】 在某项目招标过程中，赵嘉、钱宜、孙斌、李汀、周武、吴纪6人作为各自公司代表参与投标，有且只有一人中标，关于究竟谁是中标者，招标小组中有3位成员各自谈了自己的看法：

（1）中标者不是赵嘉就是钱宜。

（2）中标者不是孙斌。

（3）周武和吴纪都没有中标。

经过深入调查，发现上述3人中只有一人的看法是正确的。

根据以上信息，以下哪项中的3人都可以确定没有中标？

A. 赵嘉、孙斌、李汀。　　　　　　　　B. 赵嘉、钱宜、李汀。

C. 孙斌、周武、吴纪。　　　　　　　　D. 赵嘉、周武、吴纪。

E. 钱宜、孙斌、周武。

【答案】 B

考点分析	综合推理——真假话题（☆☆☆）
步骤详解	
第一步	读问题，观察主要信息"3人中只有一人的看法是正确的，以下哪项中的3人都可以确定没有中标"
第二步	观察题干并识别题型为"真假话题"
第三步	根据做题步骤来解题： 将题干信息符号化：公式一"赵∨钱"；公式二"¬孙"；公式三"周∧¬吴"。 判断信息之间的关系：公式一与公式二、三之间为包含关系。 若"赵∨钱"为真，则"¬孙""周∧¬吴"均为真命题，此时与规则不符合。故"赵∨钱"为假命题，则（赵∧钱）∨（¬赵∧¬钱）为真命题，而"有且只有一人中标"，故不可能为"赵∧钱"，得出"¬赵∧¬钱"
第四步	对应答案，选项B正确

 小贴士

包含关系的真假话题，一般用假设法来进行推理。

【拓展1】 某珠宝店失窃，甲、乙、丙、丁四人涉嫌被拘审。四人的口供如下：

甲："案犯是丙。"

乙："丁是罪犯。"

丙："如果我作案，那么丁是主犯。"

丁："作案的不是我。"

四人口供中只有一人是假的。

如果以上断定为真，则以下哪项是真的？

A. 说假话的是甲，作案的是乙。

B. 说假话的是丁，作案的是丙和丁。

C. 说假话的是乙，作案的是丙。

D. 说假话的是丙，作案的是丙。

E. 说假话的是甲，作案的是甲。

【拓展2】 在案件通报会上，刑警队员针对上周发生的珠宝抢劫案各抒己见。目前有四个嫌疑人：甲、乙、丙、丁，关于他们是否作案的情况如下：

（1）王警员认为："如果甲作案，则乙肯定也作案。"

（2）张警员认为："只有乙不作案，甲才作案。"

（3）毛警员认为："丙作案，则丁也会作案。"

（4）牛警员则认为："只有甲和乙都不作案，丁才不作案。"

经过案件侦破，发现四个人的推测只有一个为真，则以下哪项为真？

A. 王警员推测为真，甲作案。

B. 张警员推测为假，乙没有作案。

C. 毛警员推测为假，丙作案。

D. 牛警员推测为真，丁没有作案。

E. 以上选项都不一定是真的。

【拓展3】 青少年高校科学营旨在充分利用重点大学的科技教育资源，激发青少年对科学的兴趣，培养青少年的科学精神、创新意识和实践能力。班主任鼓励甲、乙、丙、丁四位同学报名参加暑假举行的科学营。几天后班主任向这四位同学询问录取的情况，他们的回答如下：

甲："乙被科学营录取了。"

乙："丙被科学营录取了。"

丙："甲或者乙被科学营录取了。"

丁："乙或丙被科学营录取了。"

经过班主任调查，发现只有一位同学的回答与事实相符。

根据以上陈述，下列哪项为假？

A. 丙说的是真话。

B. 乙没有被科学营录取。

C. 被科学营录取的不是甲。

D. 丁说的是假话。

E. 甲说的是假话。

参考答案及解析

【拓展1】 B

【解析】 乙与丁的口供矛盾，必有一假。根据"四人口供中只有一人是假的"，推出甲和丙的口供都是真的。排除选项ADE。由甲和丙的口供都为真可以推出：丁是主犯，因此乙说的是真话，排除选项C，选项B正确。

【拓展2】 C

【解析】（1）王：甲→乙＝¬甲∨乙；（2）张：甲→¬乙＝¬甲∨¬乙；（3）毛：丙→丁（4）牛：¬丁→¬甲∧乙。由（1）和（2）可知，王、张至少一真，根据"四个人的推测只有一个为真"，推出毛和牛一定为假。排除选项D。由（3）为假，取非即真：丙∧¬丁。因此，丙为真，选项C正确。

【拓展3】 C

【解析】 本题中规定"只有一位同学的回答与事实相符"，若"乙被科学营录取"，则甲、丙、丁的话均为真，与规则不符，故"乙不被科学营录取"，排除选项BE；若"丙被科学营录取"，则乙和丁的话为真，与规则不符，故"丙不被科学营录取"，则丁的话为假，排除选项D。那么根据规则，剩余的丙的话一定为真，排除选项A。因此，选项C正确。

知识小结

做题步骤：

（1）符号化、标准化。

（2）找出判断之间关系。

（3）用推导出来的真假判断数量与题干给出的真假判断数量比较，来确定其余判断的真假值。

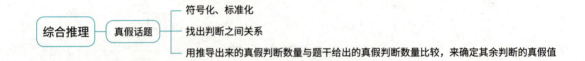

思维导图

综合推理 —— 真假话题
- 符号化、标准化
- 找出判断之间关系
- 用推导出来的真假判断数量与题干给出的真假判断数量比较,来确定其余判断的真假值

章节测试

扫码观看
章节测试讲解

1. 某公司发生一起贪污案,在对所有可能涉案人员进行排查后,四位审计人员各有如下结论:
   (1)甲说:"所有人都没有贪污。"
   (2)乙说:"张经理没有贪污。"
   (3)丙说:"这些涉案人员不都没有贪污。"
   (4)丁说:"有的人没有贪污。"
   如果四位审计人员中只有一个人的断定属实,那么下列哪项不可能为假?
   A.甲断定属实,张经理没有贪污。　　B.丙断定属实,张经理没有贪污。
   C.丙断定属实,张经理贪污了。　　　D.丁断定属实,张经理没有贪污。
   E.丁断定属实,张经理贪污了。

2. 有一天,某一珠宝店被盗了一块贵重的钻石。经侦查,查明作案人肯定是赵、钱、孙、李这四人中的一个。于是,这四个人作为重点犯罪嫌疑人被拘捕入狱。在审讯中,他们中只有一个人说了真话,这四个人的口供如下:
   (1)赵说:"我不是作案的。"
   (2)钱说:"李是罪犯。"
   (3)孙说:"钱是盗窃这块钻石的罪犯。"
   (4)李说:"作案的不是我。"
   那么作案的人是谁?
   A.赵。　　　　B.钱。　　　　C.孙。　　　　D.李。　　　　E.不能确定。

3. 某高校几位同学在一起议论他们今年暑假出游的去向。
   甲说:"如果赵明没有去西藏,那一定去上海。"
   乙说:"钱玲去了南京。"
   丙说:"如果林群没有去西宁,那么,张红会去杭州。"
   丁说:"赵明没有去西藏,也没有去上海。"
   戊说:"钱玲去了广州。"

己说："张红没有去杭州。"

事后了解到，这次议论中，有两个人说的与实际情况不符。

根据上述情况，以下哪项必定是正确的？

A. 赵明没有去西藏，但是去了上海。　　B. 林群去了西宁，赵明可能去了西藏。

C. 钱玲去了广州，但没有去南京。　　D. 赵明没有去上海，林群去了西宁。

E. 钱玲去了南京，张红没有去杭州。

4. 张、王、李、赵四人进入乒乓球赛的半决赛。甲、乙、丙、丁四位教练对半决赛结果有如下预测：

甲：小张未进决赛，除非小李进决赛。

乙：小张进决赛，小李未进决赛。

丙：如果小王进决赛，则小赵未进决赛。

丁：小王和小李都未进决赛。

如果四位教练的预测只有一个不对，则以下哪项一定为真？

A. 甲的预测错，小张进决赛。　　B. 乙的预测对，小李未进决赛。

C. 丙的预测对，小王未进决赛。　　D. 丁的预测错，小王进决赛。

E. 甲和乙的预测都对，小李未进决赛。

5. 红星中学的四位老师在高考前对某理科毕业班学生的前景进行推测，他们特别关注班里的两个尖子生。

张老师说："如果余涌能考上清华，那么方宁也能考上清华。"

李老师说："依我看这个班没人能考上清华。"

王老师说："不管方宁能否考上清华，余涌考不上清华。"

赵老师说："我看方宁考不上清华，但余涌能考上清华。"

高考的结果证明，四位老师中只有一人的推测成立。

如果上述断定是真的，则以下哪项也一定是真的？

A. 李老师的推测成立。　　B. 王老师的推测成立。

C. 赵老师的推测成立。　　D. 如果方宁考不上清华大学，则张老师的推测成立。

E. 如果方宁考上了清华大学，则张老师的推测成立。

6. 以下关于某案件的四个断定中只有一个是真的：

赵：如果甲作案，则乙是同案犯。

钱：作案者是丙。

孙：作案者是甲，但乙没作案。

李：作案者是甲或丁。

根据以上陈述，则以下哪项一定为真？

A. 赵说的是真话。　　B. 钱说的是真话。

C. 孙说的是真话。　　D. 李说的是真话。

E. 不确定谁说了真话。

7. 刘易斯、汤丹逊、萨利三人被哈佛大学、加利福尼亚大学和麻省理工学院录取。他们分别是被哪个学校录取的？邻居作了如下猜测：

邻居A猜：刘易斯被加利福尼亚大学录取，萨利被麻省理工学院录取。

邻居B猜：刘易斯被麻省理工学院录取，汤丹逊被加利福尼亚大学录取。

邻居C猜：刘易斯被哈佛大学录取，萨利被加利福尼亚大学录取。

结果，邻居们的猜测各对了一半。那么，他们的录取情况是：

A. 刘易斯、汤丹逊、萨利分别被哈佛大学、加利福尼亚大学和麻省理工学院录取。

B. 刘易斯、汤丹逊、萨利分别被加利福尼亚大学、麻省理工学院和哈佛大学录取。

C. 刘易斯、汤丹逊、萨利分别被麻省理工学院、加利福尼亚大学和哈佛大学录取。

D. 刘易斯、汤丹逊、萨利分别被哈佛大学、麻省理工学院和加利福尼亚大学录取。

E. 刘易斯、汤丹逊、萨利分别被加利福尼亚大学、哈佛大学和麻省理工学院录取。

8. 张瑞和王武参加一次应聘面试。应聘的岗位是公关部经理和销售部经理。每个应聘者只应聘一个岗位。关于面试结果，以下断定只有一项为假：

甲：张瑞没有通过面试。

乙：如果张瑞通过面试，则王武也通过面试。

丙：销售部经理岗位的应聘者都通过了面试。

丁：张瑞通过了面试，但王武没通过。

从以上断定能推出以下哪项结论？

A. 张瑞应聘销售部经理。 B. 张瑞应聘公关部经理。

C. 王武应聘销售部经理。 D. 王武应聘公关部经理。

E. 王武通过面试。

9. 三位少年去军事博物馆参观，讲解员说："装甲车辆是具有装甲防护的战斗车辆及其保障车辆的简称，一般人很难区分。你们能识别眼前的这辆战车吗？"

少年甲说："这不是主战坦克，也不是自行榴弹炮。"

少年乙说："这不是步兵战车，而是自行榴弹炮。"

少年丙说："这不是自行榴弹炮，而是步兵战车。"

结果他们中只有一人的两个判断都对，一人的判断一对一错，另外一人的全错了。

如果上述断定都为真，则以下哪项关于这辆战车的断定也一定为真？

A. 主战坦克。 B. 自行榴弹炮。

C. 步兵战车。 D. 自行高炮。

E. 不能确定。

10. 某班军训进行实弹射击测试，张辉、李平是该班学生。关于测试成绩，以下断定只有一项为假：

（1）张辉不合格。

（2）如果张辉合格，则李平合格。

（3）全班女生都合格。

（4）张辉合格，但李平不合格。

以下哪项一定为真？

A. 张辉是女生。 B. 张辉是男生。

C. 李平是女生。 D. 李平是男生。

E. 无法确定。

参考答案及解析

☑ 答案速查

1. C	2. A	3. B	4. C	5. E
6. A	7. A	8. B	9. B	10. B

☑ 答案解析

1.【答案】C

【解析】根据题干信息可知，甲和丙的观点相矛盾，两人必为一真一假，因为只有一真，所以乙和丁必假，可以得出结论：所有人都贪污，即丙的断定属实。

2.【答案】A

【解析】根据题干可知，钱和李的话相矛盾，所以两人之间必为一真一假。所以其他人的话都为假，因此，赵为作案者，选项A正确。

3.【答案】B

【解析】根据题干信息可知，两人信息为假，甲和丁的观点相矛盾，必为一真一假，乙和戊的观点相矛盾，也为一真一假，其余同学观点都为真，所以可得张红没去杭州→林群去西宁，赵明是否去西藏或者上海的情况未知，钱玲去哪个城市的情况也未知。因此，选项B正确。

4.【答案】C

【解析】本题为真话假话题。甲：张→李；乙：张∧ᒣ李。因此甲和乙相矛盾，必为一真一假，又因为只有一假，因此丙和丁都为真。小王和小李都没有进决赛。因此，选项C正确。

5.【答案】E

【解析】本题为真话假话题。题干：张：余→方；李：没人能考上；王：ᒣ余；赵：余∧ᒣ方。因此，张、赵互为矛盾，必为一真一假。又因为只有一真，因此，李、王为假，排除选项AB。根据王为假得，余考上。选项C，方真假不知，因此无法判断赵老师的真假，排除。选项D，如果方考不上，则张为假，赵为真，排除。选项E，如果方考上，则张为真，赵为假，因此选项E正确。

6.【答案】A

【解析】本题为真话假话题。赵与孙的话互为矛盾，必有一真。根据只有一真，得出钱和李均为假，排除选项BD。由此可以得出"丙不是作案者""甲和丁也都不是作案者"，则孙的话为假命题，故赵的话为真命题。因此，选项A正确。

7.【答案】A

【解析】本题为真话假话题，可用代入排除法来解题，将选项依次代入题干中，观察哪项可满足"邻居们的猜测各对了一半"的情况。因此，选项A正确。

8.【答案】B

【解析】本题为真话假话题。乙：张瑞→王武；丁：张瑞∧ᒣ王武。因此，乙丁相矛盾，必为一真一假，根据只有一假，推出甲丙为真。丙：应聘销售部→通过面试。根据甲为真，张瑞没有通过面试，结合丙进行逆否推理，得出张瑞不是销售部的应聘者，因此张瑞是公关部的应聘者，选项B正确。无法得出王武应聘销售部，每个应聘者只应聘一个岗位，但没有说每个岗位只接受一个应聘者。

9. 【答案】B

【解析】本题为真话假话题，适用代入法。甲：﹁坦克∧﹁炮；乙：﹁车∧炮；丙：﹁炮∧车。选项A，若是坦克，则甲一假一真，乙一真一假，不符合题干条件。选项B，若是炮，则甲一真一假，乙两真，丙两假，符合题干条件。但此时还有选项E，因此需要继续验证选项C，如果是车，则甲两真，乙两假，丙两真，不符合题干条件。选项D，如果是自行高炮，则甲两真，乙一真一假，丙一真一假，也不符合题干条件。因此，选项B正确。

10. 【答案】B

【解析】本题为真话假话题。（2）（4）相矛盾，必有一假，根据只有一假，得出（1）（3）为真，结合（1）（3）得出张辉不是女生。因此，张辉是男生。

03

论证推理

第八章 加强与削弱

考点考频分析

考点	频率	难度	知识点
加强题；削弱题	超高	☆☆ ☆☆	加强与削弱的模型 论证逻辑的思维原则 加强与削弱的高效应试方法 加强与削弱的手段（套路） 加强与削弱题的高频秒杀套路

考点　加强与削弱题型

一、加强与削弱的模型

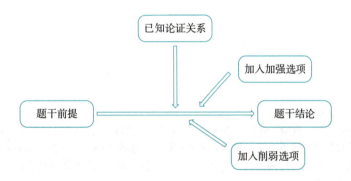

在逻辑考试中，**围绕前提和结论之间的支持或反驳关系**，设计了多种形式的考题，加强与削弱是其中一种重要的题型。**加强型试题**是在题干中给出一个既有前提又有结论的推理或者一个既有论点又有论据的论证，但由于前提的条件不够充分，不足以合乎逻辑地推出结论，或者由于论证的论据不够全面，不足以证明论题真实。因此，需要用某个选项去补充其前提或论据，使推理或论证成立的可能性增大。**削弱型试题题型**的特点是题干中给出一个完整的论证来说明某个论题或者表达某种观点，要求从备选项中寻找到最能反驳或削弱、质疑题干论题的选项。此类试题在整个逻辑考试中所占比例较大。

看一看 ✏️

不仅人上了年纪会难以集中注意力，就连蜘蛛也有类似的情况。年轻蜘蛛结的网整齐均匀，角度完美；年老蜘蛛结的网可能出现缺口，形状怪异。蜘蛛越老，结的网就越没有章法。科学家由此认为，随着时间的流逝，这种动物的大脑也会像人脑一样退化。

以下哪项如果为真，最能质疑科学家的上述论证？
A. 优美的蛛网更容易受到异性蜘蛛的青睐。
B. 年老蜘蛛的大脑较之年轻蜘蛛，其脑容量明显偏小。
C. 运动器官的老化会导致年老蜘蛛结网能力下降。
D. 蜘蛛结网只是一种本能的行为，并不受大脑控制。
E. 形状怪异的蛛网较之整齐均匀的蛛网，其功能没有大的差别

想一想 ✏️

以上题干的前提和结论分别是什么？
前提：蜘蛛越老，结的网就越没有章法。
结论：随着时间的流逝，这种动物的大脑也会像人脑一样退化

练一练 ✏️

找出下列材料的前提和结论。
材料一：光线的照射，有助于缓解冬季忧郁症。研究人员曾对九名患者进行研究，他们均因冬季白天变短而患上了冬季抑郁症。研究人员让患者在清早和傍晚各接受三小时伴有花香的强光照射。一周之内，七名患者完全摆脱了抑郁，另外两人也表现出了显著的好转。由于光照会诱使身体误以为夏季已经来临，这样便治好了冬季抑郁症。

材料二：一段时间以来，国产洗发液在国内市场的占有率逐渐减小。研究发现，国外公司的产品广告比国内的广告更吸引人。因此，国产洗发液生产商需要加大广告投入，以增加市场占有率。

材料三：越来越多的有说服力的统计数据表明，具有某种性格特征的人易患高血压，而另一种性格特征的人易患心脏病，如此等等。因此，随着对性格特征的进一步分类研究，通过主动修正行为和调整性格特征以达到防治疾病的可能性将大大提高

二、论证逻辑思维原则

常见的前提结构词	常见的结论结构词
鉴于、由于、原因在于、正因、基于、根据……判断、因为、考虑到、就……而言、因、正如……表明的、因为……的缘故……	因此、所以、表明、由此可见、总而言之、由此推出、因此断定、这样来说、结论是、其结果是、显示出、证明、告诉我们、意味着、为此、故而、这就是为什么、既然如此、于是、从而、据此……

（一）收敛原则

只根据题干信息进行适当推理或论证，**就事论事，避免发散思维，脑补剧情**。很多干扰项，就是引诱考生进行发散联想。

母题剖析

【例1】周清打算请一个钟点工，于是上周末她来到惠明家政公司，但工作人员粗鲁的接待方式使她得出结论：这家公司的员工缺乏教养，不适合家政服务。

以下哪项如果为真，最能削弱上述论证？

A. 惠明家政公司员工通过有个性的服务展现其与众不同之处。

B. 实际中无法通过工作人员的接待方式好坏，来判定家政公司是否适合家政服务。

C. 周清是一个爱挑别的人，她习惯于否定他人。

D. 家政行业从业人员通常服务态度都不好。

E. 周清对家政公司员工的态度既傲慢又无礼。

【答案】B

考点分析	削弱题型（☆☆☆☆）	
题干剖析	结论：惠明家政公司的员工缺乏教养，不适合家政服务； 前提：惠明家政公司工作人员粗鲁的接待方式	
解题步骤	第一步：提问中要求最能削弱上述论证。因此，本题属于削弱题型。 第二步：梳理论证结构。 论证：由"工作人员接待方式"到"缺乏教养，不适合家政服务"。 第三步：观察选项特征，进行排选	
选项	解析	正误
A	"与众不同之处"与"是否适合家政服务"无关	错误
B	直接指出前提和结论之间的差异，即"接待方式"与"是否适合家政服务"	正确
C	周清的性格与题干的论证无关，属于无关选项	错误
D	家政行业从业人员通常服务态度都不好，与"是否适合家政服务"无关	错误
E	周清对家政公司员工的态度与题干的论证无关，不要过度联想，注意收敛原则	错误

小贴士

不要过度联想，注意收敛原则！

第八章

（二）量决定力

无论是加强还是削弱，涉及范围越大，论证力度越大，所以绝大部分情况，见到"有些"都不是正确选项。

母题剖析

【例2】长天汽车制造公司的研究人员发现，轿车的减震系统越"硬"，驾驶人员越是在驾驶中感到刺激。因此，他们建议长城汽车制造公司把所有的新产品的减震系统都设计得更"硬"一些，以提高产品的销量。

下面哪一项如果为真，最能削弱该研究人员的建议？

A.长天公司原来生产的轿车的减震系统都比较"软"。

B.驾驶汽车的刺激性越大，车就容易开得越快，越容易出交通事故。

C.人们购买汽车是为了便利和舒适，而"硬"的减震系统让人颠得实在难受。

D.目前"硬"减震系统逐步流行起来，尤其是在年轻开车族中。

E.买车的人中有些年长者不是为了追求驾驶中的"硬"。

【答案】C

考点分析	削弱题型（☆☆☆☆）	
题干剖析	提问中要求最能削弱研究人员的建议。因此，本题属于削弱题型	
解题步骤	第一步：提问中要求最能削弱上述论证。因此，本题属于削弱题型。 第二步：梳理论证结构。 结论：长城汽车制造公司把所有的新产品的减震系统都设计得更"硬"一些，以提高产品的销量。 前提：轿车的减震系统越"硬"，驾驶人员越是在驾驶中感到刺激； 论证：由"轿车的减震系统越'硬'"到"轿车的减震系统越'硬'"。 第三步：观察选项特征，进行排选	
选项	解析	正误
A	"原生产的减震系统'软'"和结论中的"销量"无关	错误
B	"刺激性大……容易交通事故"与"销量"无关	错误
C	指出人们购买的需求是"便利和舒适"，新的改变不能满足人们的需求，"人们"的范围广，力度强	正确
D	"在年轻开车族中"比较流行，力度弱	错误
E	"有些"力度弱	错误

小贴士

经典陷阱"有些"，快速避坑！

（三）强度顺序

论证逻辑的难点，在于**比较选项评价力度的强弱，来选择力度最强的加强或削弱**。

想一想

　　根据美国《经纪人》杂志数据统计表示，因为中国人每周平均工作时间远远超过美国人，所以中国的整体经济发展方向好过美国。以下评论中，请按削弱力度从大到小排序。

　　（1）《经纪人》经常发布假新闻。

　　（2）地区工作平均时间长短与经济发展方向无关。

　　（3）中国经济发展方向并未好过美国

考点分析	削弱/加强力度（☆☆☆☆）
步骤详解	
第一步	梳理论证结构。 结论：中国的整体经济发展方向好过美国； 前提：中国人每周平均工作时间远远超过美国人； 论证：从"周均工作时长"到"整体经济发展"
第二步	（1）是针对背景进行削弱； （2）是针对论证进行削弱； （3）是针对结论进行削弱
第三步	论证＞论点＞背景；因此强弱顺序为：2＞3＞1

💡 **小贴士**

　　论证逻辑的难点，这部分一定要结合题目好好掌握！

三、加强与削弱题的高效应试方法

　　步骤一：阅读题干问题确认题型。

　　步骤二："是什么"：找到题干结论，通常是题干的最后一句话，并且伴随着结论词。例如，因此、所以、认为、由此可见、总而言之、可以得出……。

　　步骤三："为什么"：找到题干前提，通常就在题干结论前面，锁定前提的核心名词，以确定题干的论证关系。例如，因为、由于、根据、举例来说……。

　　步骤四："选什么"：带着批判性的质疑态度，阅读所有5个选项，标记出每个选项的方向性（无关、加强或削弱）。如果有两个或以上选项方向符合要求，则通过"量决定力"与"强度顺序"进行比较，选择出"最……"的正确选项。

注意

　　"除了"的态度题，往往只需要根据题干结论，选出一个方向明显与另外四个相反的选项，此类题难度反而偏低。

题目分解训练

【题目分解1】

不仅人上了年纪会难以集中注意力，就连蜘蛛也有类似的情况。年轻蜘蛛结的网整齐均匀，角度完美；年老蜘蛛结的网可能出现缺口，形状怪异。蜘蛛越老，结的网就越没有章法。科学家由此认为，随着时间的流逝，这种动物的大脑也会像人脑一样退化。 以下哪项如果为真，最能质疑科学家的上述论证？	选项加强削弱的对应
A.优美的蛛网更容易受到异性蜘蛛的青睐	
B.年老蜘蛛的大脑较之年轻蜘蛛，其脑容量明显偏小	
C.运动器官的老化会导致年老蜘蛛结网能力下降	
D.蜘蛛结网只是一种本能的行为，并不受大脑控制	
E.形状怪异的蛛网较之整齐均匀的蛛网，其功能没有大的差别	

【答案】 D

考点分析	削弱题型（☆☆☆☆）
题干剖析	前提：蜘蛛越老，结的网就越没有章法； 结论：随着时间的流逝，这种动物的大脑也会像人脑一样退化
解题步骤	第一步：提问中要求最能质疑科学家的上述论证。因此，本题属于削弱题型。 第二步：梳理论证结构。 论证：从"蜘蛛的结网能力"到"其大脑的退化"。 第三步：观察选项特征，进行排选

选项	解析	正误
A	该选项涉及什么样的蛛网更容易受到异性蜘蛛的青睐，与题干的论证无关	错误
B	该选项没有涉及题干中的话题关键词，属于无关选项	错误
C	"运动器官的老化"与"结网能力"有相关性，但是说明"大脑"是否与"结网能力"有关的力度较弱	错误
D	割裂了大脑与结网之间的关联：前提是蜘蛛结网的能力，结论是大脑的退化，削弱关系直接证明结网与大脑无关	正确
E	该选项是关于"蛛网的功能"，题干论证中未涉及，属于无关选项	错误

 小贴士

论证结构需要仔细辨别，"断桥套路"的出现频率还是很高的！

四、加强与削弱的手段

论证思路	加强	削弱
论证关系	搭桥	断桥
	补漏	指漏
因果关系	因果不倒置	因果倒置
	没有他因	另有他因
	无因就无果	无因有果/有因无果
方法可行	方法有效果	方法无效果
	方法无恶果	方法有恶果
结论	加强结论	削弱结论
前提	加强前提	削弱前提

【题目分解2】

不仅人上了年纪会难以集中注意力，就连蜘蛛也有类似的情况。年轻蜘蛛结的网整齐均匀，角度完美；年老蜘蛛结的网可能出现缺口，形状怪异。蜘蛛越老，结的网就越没有章法。科学家由此认为，随着时间的流逝，这种动物的大脑也会像人脑一样退化。 以下哪项如果为真，最能质疑科学家的上述论证？	选项加强削弱的对应
A.优美的蛛网更容易受到异性蜘蛛的青睐	无关
B.年老蜘蛛的大脑较之年轻蜘蛛，其脑容量明显偏小	无关
C.运动器官的老化会导致年老蜘蛛结网能力下降	他因
D.蜘蛛结网只是一种本能的行为，并不受大脑控制	断桥
E.形状怪异的蛛网较之整齐均匀的蛛网，其功能没有大的差别	无关

【题目分解3】

某组研究人员报告说：与心跳速度每分钟低于58次的人相比，心跳速度每分钟超过78次者心脏病发作或者发生其他心血管问题的概率高出39%，死于这类疾病的风险高出77%，其整体死亡率高出65%。研究人员指出，长期心动过速导致了心血管疾病。以下哪项如果为真，最能对该研究人员的观点提出质疑？	选项加强削弱的对应
A.各种心血管疾病影响身体的血液循环机能，导致心动过速	因果倒置
B.在老年人中，长期心动过速的不到19%	无关
C.在老年人中，长期心动过速的超过39%	无关
D.野外奔跑的兔子心跳很快，但是很少发现他们患心血管疾病	削弱结论
E.相对老年人，年轻人生命力旺盛，心跳较快	无关

五、加强与削弱题的高频秒杀套路

(一) 前后搭桥套路

做题方法：定位前提与结论中的关键词，答案可能为二者的结合。

母题剖析

【例3】《淮南子·齐俗训》中有曰："今屠牛而烹其肉，或以为酸，或以为甘，煎熬燔炙，齐味万方，其本一牛之体。"其中的"熬"便是熬牛肉制汤的意思。这是考证牛肉汤做法的最早文献资料。某民俗专家由此推测，牛肉汤的起源不会晚于春秋战国时期。

以下哪项如果为真，最能支持上述推测？

A.《淮南子·齐俗训》完成于西汉时期。

B. 早在春秋战国时期，我国已经开始使用耕牛。

C.《淮南子》的作者中有来自齐国故地的人。

D. 春秋战国时期我国已经有熬汤的鼎器。

E.《淮南子·齐俗训》记述的是春秋战国时期齐国的风俗习惯。

【答案】E

考点分析	加强题型（☆☆☆☆）	
题干剖析	结论：牛肉汤的起源不会晚于春秋战国时期； 前提：《淮南子·齐俗训》中谈及熬牛肉制汤	
解题步骤	第一步：提问中要求我们支持上述推测。因此，本题属于加强题型。 第二步：梳理论证结构。 论证：由"《淮南子·齐俗训》中谈及熬牛肉制汤"到"牛肉汤的起源时间" 第三步：观察选项特征，进行排选	
选项	解析	正误
A	《淮南子·齐俗训》的完成时间，不能说明牛肉汤的起源时间，故不能支持	错误
B	使用耕牛，不代表有牛肉汤，故不能支持	错误
C	《淮南子》的作者是齐国人，不能说明牛肉汤的起源时间，故不能支持	错误
D	有熬汤的鼎器并不一定熬牛肉汤，故不能支持	错误
E	建立了《淮南子·齐俗训》与春秋战国时期齐国的关系，故能支持	**正确**

 小贴士

快速定位前提与结论中的关键词，非常关键哦！

拓展测试

【拓展1】 水产品的脂肪含量相对较低，而且含有较多不饱和脂肪酸，对预防血脂异常和心血管疾病有一定作用；禽肉的脂肪含量也比较低，脂肪酸组成优于畜肉；畜肉中的瘦肉脂肪含量低于肥肉，瘦肉优于肥肉。因此，在肉类选择上，应该优先选择水产品，其次是禽肉，这样对身体更健康。

以下哪项如果为真，最能支持以上论述？

A. 所有人都有罹患心血管疾病的风险。

B. 肉类脂肪含量越低对人体越健康。

C. 人们认为根据自己的喜好选择肉类更有益于健康。

D. 人必须摄入适量的动物脂肪才能满足身体的需要。

E. 脂肪含量越低，不饱和脂肪酸含量越高。

【拓展2】 进入冬季以来，内含大量有毒颗粒物的雾霾频繁袭击我国部分地区。有关调查显示，持续接触高浓度污染物会直接导致10%至15%的人患有眼睛慢性炎症或眼干燥症，有专家由此认为，如果不采取紧急措施改善空气质量，这些疾病的发病率和相关的并发症将会增加。

以下哪项如果为真，最能支持上述专家的观点？

A. 空气质量的改善不是短期内能做到的，许多人不得不在污染环境中工作。

B. 上述被调查的眼疾患者中有65%是年龄在20～40岁之间的男性。

C. 眼睛慢性炎症或眼干燥症等病例通常集中出现于花粉季。

D. 在重污染环境中采取戴护目镜、定期洗眼等措施有助于预防眼干燥症等眼疾。

E. 毒颗粒物会刺激并损害人的眼睛，长期接触会影响泪腺细胞。

拓展解析

【拓展1】 B

【解析】 第一步：提问中要求我们支持上述论述。因此，本题属于加强题型。

第二步：梳理论证结构。

前提：水产品的脂肪含量相对较低，而且含有较多不饱和脂肪酸；禽肉的脂肪含量也比较低；畜肉中的瘦肉脂肪含量低于肥肉。

结论：在肉类选择上，应该优先选择水产品，其次是禽肉，这样对身体更健康。

论证：从"脂肪含量"到"对身体更健康"。

第三步：观察选项特征，进行排选。选项A涉及"罹患心血管疾病的风险"，与题干的论证无关。选项C涉及"根据自己的喜好选择"，与题干的论证无关。选项D涉及"满足身体的需要"，与题干的论证无关。选项E只有前提相关性，强度弱。而选项B为搭桥，建立起"脂肪含量"到"对身体更健康"的关系，当选。

【拓展2】 E

【解析】第一步：提问中要求我们支持上述专家的观点。因此，本题属于加强题型。

第二步：梳理论证结构。

前提：持续接触高浓度污染物会直接导致10%至15%的人患有眼睛慢性炎症或眼干燥症；

结论：如果不采取紧急措施改善空气质量，这些疾病的发病率和相关的并发症将会增加；

论证：由"持续接触高浓度污染物"到"疾病的发病率和相关的并发症将会增加"。

第三步：观察选项特征，进行排选。选项A涉及"空气质量的改善"产生效果的时长问题，与题干论证无关。选项B涉及的"被调查的眼疾患者"与题干论证无关。选项C涉及的"病例通常集中出现于花粉季"与题干论证无关。选项D涉及的"预防眼干燥症等眼疾"的措施与题干论证无关。而选项E描述通过补充论据，从而支持了题干的论证过程。

（二）加强结论套路

做题方法：重点关注结论位置。

母题剖析

【例4】分心驾驶是指驾驶人为满足自己的身体舒适、心情愉悦等需求而没有将注意力全都集中于驾驶过程的驾驶行为，常见的分心行为有抽烟、饮水、进食、聊天、刮胡子、使用手机、照顾小孩等。某专家指出，分心驾驶已成为我国公路交通事故的罪魁祸首。

以下哪项如果为真，最能支持上述专家的观点？

A. 一项统计研究表明，相对于酒驾、药驾、超速驾驶、疲劳驾驶等情形，我国由分心驾驶导致的交通事故占比最高。

B. 驾驶人正常驾驶时反应时间为0.3～1.0秒，但是用手机时反应时间则延迟3倍左右。

C. 开车使用手机会导致驾驶人注意力下降20%；如果驾驶人边开车边发短信，则发生车祸的概率是正常驾驶时的23倍。

D. 近来使用手机已成为我国驾驶人分心驾驶的主要表现形式，59%的人开车过程中看微信，31%的人玩自拍，36%的人刷微博、微信朋友圈。

E. 一项研究显示，在美国超过1/4的车祸是由驾驶人使用手机引起的。

【答案】A

考点分析	加强题型（☆☆☆☆）	
题干剖析	结论：分心驾驶已成为我国道路交通事故的罪魁祸首	
解题步骤	第一步：提问中要求我们支持上述专家的观点。因此，本题属于加强题型。 第二步：梳理论证结构。 关注关键词"某专家指出"，后面的内容为结论，即分心驾驶已成为我国道路交通事故的罪魁祸首。 第三步：观察选项特征，进行排选	
选项	解析	正误
A	指出因分心驾驶导致的交通事故相对于别的情形占比最高，强调了分心驾驶是"罪魁祸首"这一点，重述了专家的观点，故能支持	正确
B	使用手机时反应时间延迟只能说明出事故的可能性高，但无法知道其在所有出事故的情形中的占比，无法体现"罪魁祸首"这一点，故不能支持	错误

续表

选项	解析	正误
C	使用手机发生车祸的概率高，但不代表在所有出事故的情形中占比高，同样也无法支持"罪魁祸首"，故不能支持	错误
D	本题论题是分心驾驶是否是罪魁祸首，与分心驾驶的表现形式无关，故不能支持	错误
E	结论是我国的情况，与美国的情况无关，故不能支持	错误

拓展测试

【拓展1】如今，孩子写作业不仅仅是他们自己的事，大多数中小学生的家长都要面临陪孩子写作业的任务，包括给孩子听写、检查作业、签字等。据一项针对3 000余名家长进行的调查显示，84%的家长每天都会陪孩子写作业，而67%的受访家长会因陪孩子写作业而烦恼。有专家对此指出，家长陪孩子写作业相当于充当学校老师的助理，让家庭成为课堂的延伸，会对孩子的成长产生不利影响。

以下哪项如果为真，最能支持上述专家的论断？

A. 家长是最好的老师，家长辅导孩子获得各种知识本来就是家庭教育的应有之义，对于中低年级的孩子，学习过程中的父母陪伴尤为重要。

B. 家长通常有自己的本职工作，有的晚上要加班，有的即使晚上回家也需要研究工作、操持家务，一般难有精力认真完成学校老师布置的"家长作业"。

C. 家长陪孩子写作业，会使得孩子在学习中缺乏独立性和主动性，整天处于老师和家长的双重压力下，既难生出学习兴趣，更难养成独立人格。

D. 大多数家长在孩子教育上并不是行家，他们或者早已遗忘了自己曾学习过的知识，或者根本不知道如何将自己拥有的知识传授给孩子。

E. 家长辅导孩子，不应围绕老师布置的作业，而应着重激发孩子的学习兴趣，培养孩子良好的学习习惯，让孩子在成长中感到新奇、快乐。

【拓展2】针对癌症患者，医生常采用化疗手段将药物直接注入人体杀伤癌细胞，但这也可能将正常细胞和免疫细胞一同杀灭，产生较强的副作用。近来，有科学家发现，黄金纳米粒很容易被人体癌细胞吸收，如果将其包上一层化疗药物，就可作为"运输工具"，将化疗药物准确地投放到癌细胞中，他们由此断言，微小的黄金纳米粒子能提升癌症化疗的效果，并降低化疗的副作用。

以下哪项如果为真，最能支持上述科学家所做出的论断？

A. 现代医学手段已能实现黄金纳米粒子的精准投送，让其所携带的化疗药物只作用于癌细胞，并不伤及其他细胞。

B. 因为黄金所具有的特殊化学性质，黄金纳米粒子不会与人体细胞发生反应。

C. 利用常规计算机断层扫描，医生容易判定黄金纳米粒子是否已投放到癌细胞中。

D. 在体外用红外线加热已进入癌细胞的黄金纳米粒子，可从内部杀灭癌细胞。

E. 黄金纳米粒子用于癌症化疗的疗效有待大量临床检验。

参考答案及解析

【拓展1】 C

【解析】 第一步：提问中要求我们支持上述专家的论断。因此，本题属于加强题型。

第二步：梳理论证结构。

结论：家长陪孩子写作业，会对孩子的成长产生不利影响；

前提：84%的家长每天都会陪孩子写作业，而67%的受访家长会因陪孩子写作业而烦恼；

论证：由"大部分的家长陪孩子写作业且烦恼"到"不利于孩子成长"。

第三步：观察选项特征，进行排选。选项A描述的是"学习过程中的父母陪伴尤为重要"，是削弱专家的观点，故不能支持。选项B描述家长难以陪伴孩子做作业，与题干的"不利于孩子成长"无关。选项D表述的是"不知道如何将自己拥有的知识传授给孩子"，与题干的论证无关。选项E表述的是应该如何解决问题，但是与题干的论证无关。而选项C指出家长陪伴下的学习会让孩子感受到老师和家长的双重压力，不利于独立人格的形成，直接支持结论。

【拓展2】 A

【解析】 第一步：提问中要求我们支持上述科学家所做出的论断。因此，本题属于加强题型。

第二步：梳理论证结构。

结论：微小的黄金纳米粒子能提升癌症化疗的效果，并能降低化疗的副作用；

前提：黄金纳米粒很容易被人体癌细胞吸收，可将化疗药物准确地投放到癌细胞中；

论证："黄金纳米粒子"能够起到精准投放的作用。

第三步：观察选项特征，进行排选。选项B指出黄金纳米粒子不会与人体细胞发生反应，那么可能无法产生效果，削弱了题干论断，故不能支持。选项C描述的是医生容易判定黄金纳米粒子是否已经投放到癌细胞中，和题干无关，故不能支持。选项D描述的是黄金纳米粒子产生作用的其他方法，即在体外用红外线加热，和题干无关，故不能支持。选项E指出有待临床检验，削弱了题干论断，故不能支持。而选项A通过补充新论据，支持了科学家所做出的论断。

（三）结论态度套路

做题方法：态度对比，看选项与题干是否一致。

母题剖析

【例5】 译制片配音，作为一种特有的艺术形式，曾在我国广受欢迎，然而时过境迁，现在许多人已不喜欢看配过音的外国影视剧，他们觉得还是听原汁原味的声音才感觉到位，有专家由此断言，配音已失去观众，必将退出历史舞台。

以下各项如果为真，则除哪项外都能支持上述专家的观点？

A. 很多上了年纪的国人仍习惯看配过音的外国影视剧，而在国内放映的外国大片有的仍然是配过音的。

B. 配音是一种艺术再创作，倾注了配音艺术家的心血，但有的人对此并不领情，反而觉得配音妨碍了他们对原剧的欣赏。

C. 许多中国人通晓外文，观赏外国原版影视剧并不存在语言困难；即使不懂外文，边看中文字幕边听原声也不影响理解剧情。

D. 随着对外交流的加强，现在外国影视剧大量涌入国内，有的国人已经等不及慢条斯理、精工细作的配音了。

E. 现在有的外国影视剧配音难以模仿剧中演员的出色嗓音，有时也与剧情不符，对此观众并不接受。

【答案】A

考点分析	加强题型（☆☆☆☆☆）	
题干剖析	结论：配音已失去观众，必将退出历史舞台。 前提：现在许多人不喜欢看配过音的外国影视剧，他们觉得还是原汁原味的声音才感觉到位	
解题步骤	第一步：提问中要求我们找不能支持专家的观点。因此，本题属于加强题型。 第二步：梳理论证结构。 论证：由"许多人不喜欢配音剧"到"配音必将退出历史舞台"。 第三步：观察选项特征，进行排选	
选项	解析	正误
A	部分人还在看配音电影，说明配音仍然有一定的市场，有一定的削弱作用，故不能支持	正确
B	有的人对配音剧不领情，从而有可能导致配音剧退出市场，有一定程度的支持作用	错误
C	许多人不借助配音来理解剧情，从而有可能导致配音剧退出市场，有一定程度的支持作用	错误
D	有的人等不及配音，从而有可能导致配音剧退出市场，有一定程度的支持作用	错误
E	观众不能接受配音演员的嗓音，影响剧情，从而有可能导致配音剧退出市场，有一定程度的支持作用	错误

💡 **小贴士**

注意态度对比，抓住关键词"除了"，不要掉进"陷阱"中！

拓展测试

【拓展1】目前，科学家发明了一项技术，可以把二氧化碳等物质"电成"有营养价值的蛋白粉，这项技术不像种庄稼那样需要具备合适的气温、湿度和土壤等条件。他们由此认为，这项技术开辟了未来新型食物生产的新路，有助于解决全球饥饿问题。

以下各项如果为真，则除了哪项均能支持上述科学家的观点？

A. 让二氧化碳、水和微生物一起接受电流电击，可以产生出有营养价值的食物。

B. 粮食问题是全球性最大问题，联合国估计到2050年将有20亿人缺乏基本营养。

C. 把二氧化碳等物质"电成"蛋白粉的技术将彻底改变农业，还能避免对环境造成不利影响。

D. 由二氧化碳等物质"电成"的蛋白粉，约含50%蛋白质，25%的碳水化合物，核酸及脂肪。

E. 未来这项技术将被引入沙漠或其他面临饥荒的地区，为解决那里的饥饿问题提供重要帮助。

【拓展2】探望病人通常会送上一束鲜花。但某国曾有报道说，医院花瓶的水可能含有很多细菌，鲜花会在夜间与病人争夺氧气，还可能影响病房里电子设备的工作。这引起了人们对鲜花的恐慌，该国一些医院甚至禁止在病房内摆放鲜花。尽管后来证实鲜花并未导致更多的病人受感染，并且权威部门也澄清，未见任何感染病例与病房里的植物有关，但这并未减轻医院对鲜花的反感。

以下除哪项外，都能减轻医院对鲜花的担心？

A. 鲜花并不比病人身边的餐具、饮料和食物带有更多可能危害病人健康的细菌。

B. 在病房里放置鲜花让病人感到心情愉悦、精神舒畅，有助于病人康复。

C. 给鲜花换水、修剪需要一定的人工，如果花瓶倒了还会导致危险产生。

D. 已有研究证明，鲜花对病房空气的影响微乎其微，可以忽略不计。

E. 探望病人所送的鲜花大都花束小、需水量少、花粉少，不会影响电子设备工作。

参考答案及解析

【拓展1】 B

【解析】 第一步：提问中要求选出除了哪项均能支持上述科学家的观点。因此，本题属于加强题型。

第二步：梳理论证结构。

关注关键词"由此认为"，后面的内容为结论：（1）开辟了未来新型食物生产的新路；（2）有助于解决全球饥饿问题。

第三步：观察选项特征，进行排选。选项A提到"可以产生出有营养价值的食物"，故能支持观点（1）。选项C提到"技术将彻底改变农业"，故能支持观点（2）。选项D提到"二氧化碳等物质'电成'的蛋白粉"，故能支持观点（1）。选项E提到"解决那里的饥饿问题提供重要帮助"，故能支持观点（2）。而选项B提到"缺乏基本营养"，和题干无关，故不能支持。

【拓展2】 C

【解析】 第一步：提问中要求我们选出除哪项外，都能减轻医院对鲜花的担心。因此，本题属于削弱题型。

第二步：梳理论证结构。

结论：人们对鲜花感到恐慌；

前提：医院花瓶的水可能含有很多细菌，鲜花会在夜间与病人争夺氧气，还可能影响病房里电子设备的工作；

论证：由"携带细菌、争夺氧气、影响设备"到"鲜花恐慌"。

第三步：观察选项特征，进行排选。选项A指出了鲜花没有坏处，可以减轻对鲜花的担心。选项B指出了鲜花有优点——"有助于病人康复"，可以减轻对鲜花的担心。选项D指出了鲜花没有坏处，可以减轻对鲜花的担心。选项E指出了鲜花没有坏处，可以减轻对鲜花的担心。而选项C指出了鲜花的弊端，不能减轻医院对鲜花的担心，因此当选。

（四）方法可行套路

做题方法：观察方法是否有效。

母题剖析

【例6】阔叶树的降尘优势明显，吸附PM2.5的效果最好，一棵阔叶树一年的平均带尘量达3.16公斤。针叶树叶面积小，吸附PM2.5的功效较弱。全年平均下来，阔叶林的吸尘效果要比针叶林强不少。阔叶树也比灌木和草的吸尘效果好得多。以北京常见的阔叶树国槐为例，成片的国槐林吸尘效果比同等面积的普通草地约高30%。有些人据此认为，为了降尘北京应大力推广阔叶树，并尽量减少针叶林面积。

以下哪项如果为真，最能削弱上述有关人员的观点？

A. 阔叶树与针叶树比例失调，不仅极易暴发病虫害、火灾等，还会影响林木的生长和健康。

B. 针叶树冬天虽然不落叶，但基本处于"休眠"状态，生物活性差。

C. 植树造林既要治理PM2.5，也要治理其他污染物，需要合理布局。

D. 阔叶树冬天落叶，在寒冷的冬季，其养护成本远高于针叶树。

E. 建造通风走廊，能把城市和郊区的森林连接起来，让清新的空气吹入，降低城区的PM2.5。

【答案】A

考点分析	削弱题型（☆☆☆☆☆）	
题干剖析	结论：为了降尘北京应大力推广阔叶林，减少针叶林面积； 前提：阔叶树比针叶树吸尘优势明显	
解题步骤	第一步：提问中要求我们削弱上述有关人员的观点。因此，本题属于削弱题型。 第二步：梳理论证结构。 论证：由"阔叶树比针叶树优势明显"去论证"推广阔叶林，减少针叶林"。 第三步：观察选项特征，进行排选	
选项	解析	正误
A	指出推广阔叶林，减少针叶林可能会导致严重的后果，否定了结论，故能削弱	正确
B	该项表明针叶林有缺陷，一定程度上支持了题干观点，故不能削弱	错误
C	题干没有涉及针叶林能治理其他污染物，并且合理布局也不等同于种植数量，故不能削弱	错误
D	该项是养护成本问题，与应不应该推广无关，故不能削弱	错误
E	该项只谈到森林，不涉及阔叶林和针叶林的数量问题，故不能削弱	错误

 小贴士

涉及方法是否有效的题干，可以着眼方法的效果，从效果考虑哦！

拓展测试

【拓展1】酸奶作为一种健康食品，既营养丰富又美味可口，深受人们的喜爱，很多人饭后都不忘来杯酸奶。他们觉得，饭后喝杯酸奶能够解油腻、助消化。但近日有专家指出，饭后喝酸奶其实并不能帮助消化。

以下哪项如果为真，最能支持上述专家的观点？

A. 足量膳食纤维和维生素B1被人体摄入后可有效促进肠胃蠕动，进而促进食物消化，但酸奶不含膳食纤维，维生素B1的含量也不丰富。

B. 酸奶中的益生菌可以维持肠道消化系统的健康，但是这些菌群大多不耐酸，胃部的强酸环境会使其大部分失去活性。

C. 酸奶含有一定的糖分，吃饱了饭再喝酸奶会加重肠胃负担，同时也使身体增加额外的营养，容易导致肥胖。

D. 人体消化需要消化酶和有规律的肠胃运动，酸奶中没有消化酶，饮用酸奶也不能纠正无规律的肠胃运动。

E. 酸奶可以促进胃酸分泌，抑制有害菌在肠道内繁殖，有助于维持消化系统健康，对于食物消化能起到间接帮助作用。

【拓展2】一些城市，由于作息时间比较统一，加上机动车太多，很容易形成交通早高峰和晚高峰，市民们在高峰时间上下班很不容易，为了缓解人们上下班的交通压力，某政府顾问提议采取不同时间段上下班制度，即不同单位可以在不同的时间段上下班。

以下哪项如果为真，最可能使该顾问的提议无法取得预期效果？

A. 有些上班时间段与员工的用餐时间冲突，会影响他们生活的乐趣，从而影响他们的工作积极性。

B. 许多单位的上班时间段与员工的正常作息时间不协调，他们需要较长一段时间来调整适应，这段时间的工作效率难以保证。

C. 许多单位的大部分工作通常需要员工们在一起讨论，集体合作才能完成。

D. 该市的机动车数量持续增加，即使不在早晚高峰期，交通拥堵也时有发生。

E. 有些单位员工的住处与单位很近，步行即可上下班。

参考答案及解析

【拓展1】 D

【解析】 第一步：提问中要求我们支持上述专家的观点。因此，本题属于加强题型。

第二步：梳理论证结构。

结论：专家指出，饭后喝酸奶并不能帮助消化；

前提：饭后喝杯酸奶能够解油腻、助消化。

关注关键词"专家指出"，后面的内容为结论，即饭后喝酸奶其实并不能帮助消化。

第三步：观察选项特征，进行排选。选项A涉及"足量膳食纤维和维生素B1促进食物消化"，说明膳食纤维和维生素B1是食物消化的充分条件，酸奶不含膳食纤维，维生素B1的含量也不丰富，无法推出喝酸奶和消化的关系，故不能支持。选项B涉及"胃部的强酸环境会使酸奶中的益生菌大部分失去活性"，但是无法推出喝酸奶和消化的关系，故不能支持。选项C涉及"酸奶容易导致肥胖"，但是无法推出喝酸奶和消化的关系，故不能支持。选项E表明酸奶可以帮助消化，削弱了专家的观点，故不能支持。而选项D补充了新论据，（1）消化需消化酶和有规律的肠胃运动；（2）酸奶中没有消化酶。这些论据支持了题干结论。

【拓展2】 D

【解析】 第一步：提问中要求我们使该顾问的提议无法取得预期效果。因此，本题属于削弱题型。

第二步：梳理论证结构。

前提：人们上下班的交通压力大；

结论：提议采取不同时间段上下班制度，即不同单位可以在不同的时间段上下班；

论证：由"错峰上下班"去论证"缓解交通压力"。

第三步：观察选项特征，进行排选。选项A涉及"有些"不具代表性，也无法说明顾问的建议"无法取得预期效果"，故不能削弱。选项B只是说这样会导致某些不良后果，但仍可达到缓解交通压力的目的，故不能削弱。选项C涉及专家建议的是"不同单位可以在不同的时间段上下班"，一个单位的员工完全可以同一时间段上下班，故不能削弱。选项E涉及"有些"不具代表性，也无法说明顾问的建议"无法取得预期效果"，故不能削弱。而选项D指出方法无效果，削弱了顾问的提议。

知识小结

（1）加强与削弱的模型：前提与结论组成的论证关系中，加入加强或削弱项。

（2）论证逻辑的思维原则：收敛思维、量决定力、强度排序。

（3）高效应试方法：①先读问题，找信息；②看结论，画关键词；③浏览前提，看是否有补充；④对比5个选项，选择最优答案。

（4）加强与削弱的手段：论证关系、因果关系、方法、结论、前提。（由强到弱）

（5）高频秒杀套路：前后搭桥套路；加强结论套路；结论态度套路；方法可行套路。

思维导图

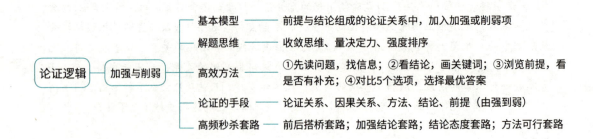

论证逻辑　——　加强与削弱

- 基本模型　——　前提与结论组成的论证关系中，加入加强或削弱项
- 解题思维　——　收敛思维、量决定力、强度排序
- 高效方法　——　①先读问题，找信息；②看结论，画关键词；③浏览前提，看是否有补充；④对比5个选项，选择最优答案
- 论证的手段　——　论证关系、因果关系、方法、结论、前提（由强到弱）
- 高频秒杀套路　——　前后搭桥套路；加强结论套路；结论态度套路；方法可行套路

章节测试

扫码观看
章节测试讲解

1. 过去，大多数航空公司都尽量减轻飞机的重量，从而达到节省燃油的目的。那时最安全的飞机座椅是非常重的，因此只安装很少的这类座椅。今年，最安全的座椅卖得最好。这非常明显地证明，现在的航空公司在安全和省油这两方面更倾向重视安全了。

   以下哪项如果为真，能够最有力地削弱上述结论？

   A. 去年销售量最大的飞机座椅并不是最安全的座椅。

   B. 所有航空公司总是宣称他们比其他公司更加重视安全。

   C. 与安全座椅销售不好的那些年比，今年的油价有所提高。

   D. 由于原材料成本提高，今年的座椅价格比以往贵。

   E. 由于技术创新，今年最安全的座椅反而比一般座椅的重量轻。

2. 人们经常使用微波炉给食品加热。有人认为，微波炉加热时食物的分子结构发生了改变，产生了人体不能识别的分子。这些奇怪的新分子是人体不能接受的，有些还具有毒性，甚至可能致癌。因此，经常吃微波食品的人或动物，体内会发生严重的生理变化，从而造成严重的健康问题。

   以下哪项最能质疑上述观点？

   A. 微波加热不会比其他烹调方式导致更多的营养流失。

   B. 我国微波炉生产标准与国际标准、欧盟标准一致。

   C. 发达国家使用微波炉也很普遍。

   D. 微波只是加热食物中的水分子，食品并未发生化学变化。

   E. 自1947年发明微波炉以来，还没有因微波炉食品导致癌变的报告。

3. 2003年8月13日，宜良县九乡张口洞古人类遗址内出土了一枚长度为3厘米的"11万年前的人牙化石"，此发掘一公布立即引起了媒体和专家的广泛关注。不少参与发掘的专家认为，这枚人牙化石的出现，说明张口洞早在11万年前就已有人类活动了，它将改写之前由呈贡区龙潭山古人类遗址所界定的昆明地区人类只有3万年活动历史的结论。

以下哪项如果为真，最能质疑上述专家的观点？

A. 学术本来就是有争议的，每个人都有发表自己看法的权利。

B. 有专家对该化石的牙体长轴、牙冠形态、冠唇面和舌面的突度及珐琅质等进行了分析，认为此化石并非人类门牙化石，而是一枚鹿牙化石。

C. 这枚牙齿化石是在距今11万年的钙板层之下20厘米处的红色砂土层发掘到的。

D. 有专家用铀系法对张口洞各个层钙板进行年代测定，证明发现该牙齿化石的洞穴最早堆积物形成于30万年前。

E. 该化石的发掘者曾主持完成景洪妈咪囡遗址、大中甸遗址、宜良九乡张口洞遗址的发掘。

4. 有些家长对学龄前的孩子束手无策，他们自愿参加了当地的一个为期六周的"家长培训"计划。家长们在参加该项计划前后，要在一份劣行调查表上为孩子评分，以表明孩子到底给他们带来了多少麻烦。家长们报告说，在参加该计划之后他们遇到的麻烦确实比参加之前要少。

以下哪项如果为真，最可能怀疑家长们所受到的这种培训的真正效果？

A. 这种训练计划所邀请的课程教授尚未结婚。

B. 参加这项训练计划的单亲家庭的家长比较多。

C. 家长们通常会在烦恼不堪、情绪落入低谷时才参加什么"家长培训"计划，而孩子们的捣乱和调皮有很强的周期性。

D. 填写劣行调查表对于这些家长来说不是一件容易的事情，尽管并不花费太多的时间。

E. 学龄前的孩子最需要父母的关心。起码，父母亲应当在每天都有和自己的孩子相处谈话的时间；专家建议，这个时间的低限是30分钟。

5. 许多消费者在超级市场挑选食品时，往往喜欢挑选那些用透明材料包装的食品，其理由是透明包装可以直接看到包装内的食品，这样心里有一种安全感。

以下哪项如果为真，最能对上述心理感觉构成质疑？

A. 光线对食品营养所造成的破坏，引起了科学家和营养专家的高度重视。

B. 食品的包装与食品内部的卫生程度并没有直接的关系。

C. 美国宾夕法尼亚州立大学的研究结果表明：牛奶暴露于光线之下，无论是何种光线，都会引起风味上的变化。

D. 有些透明材料包装的食品，有时候让人看了会倒胃口，特别是不新鲜的蔬菜和水果。

E. 世界上许多国家在食品包装上大量采用阻光包装。

6. 第二次世界大战期间，海洋上航行的商船常常遭到德国轰炸机的袭击，许多商船都先后在船上架设了高射炮。但是，商船在海上摇晃得比较厉害，用高射炮射击天上的飞机是很难命中的。战争结束后，研究人员发现，从整个战争期间架设过高射炮的商船的统计资料看，击落敌机的命中率只有4%。因此，研究人员认为，商船上架设高射炮是得不偿失的。

以下哪项如果为真，最能削弱上述研究人员的结论？

A. 在战争期间，未架设高射炮的商船，被击沉的比例高达25%；而架设了高射炮的商船，被击沉的比例只有不到10%。

B. 架设了高射炮的商船，即使不能将敌机击中，在某些情况下也可能将敌机吓跑。

C. 架设高射炮的费用是一笔不小的投入，而且在战争结束后，为了运行的效率，还要再花费资金将高射炮拆除。

D. 一般来说，上述商船用于高射炮的费用，只占整个商船的总价值的极小部分。

E. 架设高射炮的商船速度会受到很大的影响，不利于逃避德国轰炸机的袭击。

7. 过去，人们很少在电脑上收到垃圾邮件。现在，只要拥有自己的电子邮箱地址，人们一打开电脑，每天可以收到几封甚至数十封包括各种广告和无聊内容的垃圾邮件。因此，应该制定限制各种垃圾邮件的规则并研究反垃圾邮件的有效方法。以下哪项如果为真，最能支持上述论证？

A. 目前的广告无孔不入，已经渗透到每个人的日常生活领域。

B. 目前，电子邮箱地址探测软件神通广大，而防范的软件和措施却软弱无力。

C. 现在的电脑性能与过去的电脑相比，功能十分强大。

D. 对于经常使用计算机的现代人来说，垃圾邮件是他们的主要烦恼之一。

E. 广告公司通过电子邮件发出的广告，被认真看过的不足千分之一。

8. 最近，国内考古学家在北方某偏远地区发现了春秋时代古遗址。当地旅游部门认为：古遗址体现了春秋古文明的特征，应立即投资修复，并在周围修建公共交通设施，以便吸引国内外游客。张教授对此提出反对意见：古遗址有许多未解之谜待破译，应先保护起来，暂不宜修复和进行旅游开发。如果下述哪项为真，最能加强上述张教授的观点？

A. 只有懂得古遗址历史，并且懂得保护古遗址的人才能参与修复古遗址。

B. 现代人还难以理解和判断古代文明的重大意义。

C. 修复任何一个古遗址都应该展现此地区最古老的风貌。

D. 对古遗址的保护和利用不应该被商业利益所支配。

E. 在缺乏研究的情况下匆忙修复古遗址，可能对文物造成不可弥补的破坏。

9. 尽管外界有放宽货币政策的议论，但某国中央银行在日前召开的各分支行行长座谈会上传递出明确信息，下半年继续实施好稳健的货币政策，保持必要的政策力度。有学者认为，这说明该国决策层仍然把稳定物价作为首要任务，而把经济增速的回落控制在可以承受的范围内。以下哪项可以支持上述学者的观点？

A. 如果保持必要的政策力度，就不能放宽货币政策。

B. 只有实施好稳健的货币政策，才能稳定物价。

C. 一旦实施好稳健的货币政策，经济增速就要回落。

D. 只要稳定物价，就能把经济增速的回落控制在可以承受的范围内。

E. 如果放宽货币政策，就可以保持经济的高速增长。

10. 在一项研究中，51名中学生志愿者被分成测试组和对照组，进行同样的数学能力培训。在为期5天的培训中，研究人员使用一种称为经颅随机噪声刺激的技术对25名测试组成员脑部被认为与运算能力有关的区域进行轻微的电击。此后的测试结果表明，测试组成员的数学运算能力明显高于对照组成员。而令他们惊讶的是，这一能力提高的效果至少可以持续半年时间。研究人员由此认为，脑部微电击可提高大脑运算能力。以下哪项如果为真，最能支持上述研究人员的观点？

A. 这种非侵入式的刺激手段成本低廉，且不会给人体带来任何痛苦。

B. 对脑部轻微电击后，大脑神经元间的血液流动明显增强，但多次刺激后又恢复常态。

C. 在实验之前，两个组学生的数学成绩相差无几。

D. 脑部微电击的受试者更加在意自己的行为，测试时注意力更集中。

E. 测试组和对照组的成员数量基本相等。

11. 某国研究人员报告说，他们在某地区的地层里发现了约2亿年前的陨石成分，而它们很可能是当时一颗巨大陨石撞击现在的加拿大魁北克省时的飞散物痕迹。在该岩石厚约5厘米的黏土层中还含有高浓度的铱和铂等元素，浓度是通常地表中浓度的50至2 000倍。另外，这处岩石中还含有白垩纪末期地层中的特殊矿物。由于地层上下还含有海洋浮游生物化石，所以可以确定撞击时期是在约2.15亿年前。以下哪项如果为真，最能支持上述研究发现？

A. 该处岩石是远古时代深海海底的堆积层露出地面后形成的。

B. 在古生代三叠纪后期（约2亿年至2.37亿年前）菊石等物种大规模灭绝。

C. 铱和铂等元素是陨石特有的，在地表中通常只微量存在。

D. 在远古时代曾经发生多起陨石撞击地球的事件。

E. 白垩纪末期，地球上曾经发生过生物大灭绝事件。

12. 一种虾常游弋于高温的深海间歇泉附近，在那里生长有它爱吃的细菌类生物。由于间歇泉发射一种暗淡的光线，因此，科学家们认为这种虾背部的感光器官是用来寻找间歇泉，从而找到食物的。

下列哪项对科学家的结论提出了质疑？

A. 实验表明，这种虾的感光器官对间歇泉发出的光并不敏感。

B. 间歇泉的光线十分暗淡，人类肉眼难以察觉。

C. 间歇泉的高温足以杀死这附近的细菌。

D. 大多数这种虾的眼睛都位于眼柄的末端。

E. 其他虾身上的感热器同样能起到发现间歇泉的作用。

参考答案及解析

答案速查

1. E	2. D	3. B	4. C	5. A
6. A	7. B	8. E	9. B	10. C
11. C	12. A			

☑ 答案解析

1.【答案】E

【解析】本题考点为削弱——否定假设。前提:（1）减轻飞机的重量，达到节省燃油的目的；

（2）过去最安全的飞机座椅是非常重的；（3）今年最安全的座椅卖得最好。结论：在安全和省油这两方面更倾向重视安全了。因此，其隐含假设：最安全的座椅=非常重的。选项E否定了其假设。

2.【答案】D

【解析】本题考点为削弱——质疑论据。前提：有人认为，微波炉加热时食物的分子结构发生了改变，产生了人体不能识别的分子。这些奇怪的新分子是人体不能接受的，有些还具有毒性，甚至可能致癌。结论：经常吃微波食品的人或动物，体内会发生严重的生理变化，从而造成严重的健康问题。选项D说明前提不成立，从而质疑了结论。

3.【答案】B

【解析】本题考点为削弱——质疑论据。前提：发现人牙化石；结论：说明张口洞早在11万年前就已有人类活动了。选项B说明前提不成立，从而质疑了结论。

4.【答案】C

【解析】本题考点为削弱——另有他因。前提：参加了当地的一个为期六周的"家长培训"计划。结论：在参加该计划之后他们遇到的麻烦确实比参加之前要少。选项C说明了参加计划前后的变化是因为周期性，而不是家长培训，质疑了培训效果。

5.【答案】A

【解析】本题考点为削弱——反面论据。心理感觉：透明包装可以直接看到包装内的食品，这样心里有一种安全感。选项A，说明光线（透明包装）对食品的营养成分有破坏，这样就不一定有安全感了，削弱了题干。选项B，"没有直接关系"表述模糊，既可以理解为透明包装也可能不卫生，削弱题干；也可以理解为透明包装间接影响了食品的卫生，支持题干。因此不选。选项C，说明牛奶用透明包装不好，但是题干中的消费者所购买的未必就是牛奶。选项D，"有些"在量的程度上较弱。选项E，无关选项。

6.【答案】A

【解析】本题考点为削弱。结论：商船上架设高射炮是得不偿失的。选项A，说明架设高射炮的用处不在于命中敌机，而在于保护自己，从自己被击沉的比例降低15%这一角度，说明架设高射炮还是很有用处的。选项B，给出的"某些情况下也可能将敌机吓跑"这一用处比起题干给出的4%的命中率还没有用处。选项D，讨论成本与用处无关。

7.【答案】B

【解析】本题考点为论证逻辑——支持。题干根据现在的人们每天可以收到各种广告和无聊内容的垃圾邮件得出结论：应该制定限制各种垃圾邮件的规则并研究反垃圾邮件的有效方法。选项BDE都支持题干的论证，但选项DE只是重复题干的论据，即垃圾邮件有害。而选项B则提供了支持题干的新的有力的证据，因此支持力度最强。选项AC与题干无关。

8.【答案】E

【解析】本题考点为论证逻辑——支持。题干指出"张教授提出反对意见：古遗址有许多未解之谜待破译，应先保护起来，暂不宜修复和进行旅游开发"。选项E说明立即修复有恶果，支持了张教授的观点。

9.【答案】B

【解析】本题考点为论证逻辑——支持。前提：下半年继续实施好稳健的货币政策，保持必要的政策力度；结论：说明该国决策层仍然把稳定物价作为首要任务，而把经济增速的回落控制在可以承受的范围内。选项B，稳定物价→稳健的货币政策，将前提和结论搭桥，支持了学者观点。（注意：论证逻辑的题目要找相对最好的选项，采取定性思考的方式。结合选项B，虽然无法必然得出稳定物价的结果，但可以起到支持作用。）选项AD没有在前提和结论中建立关联，无法支持题干。选项CE都是过度推理，无助于题干论证成立。

10.【答案】C

【解析】本题考点为论证逻辑——支持。题干运用了求异法，根据经过脑部微电击的测试组成员的数学运算能力高于对照组，得出了"脑部微电击可提高大脑运算能力"的结论。选项C：排除他因，对题干的求异实验提供了必要的支持。求异实验必须确保只有一个差异要素（即是否接受了电击），如果在实验之前测试组的运算能力就明显高于对照组，那么无法判断最终测试组成员数学能力更强是否与轻微电击有关。

11.【答案】C

【解析】本题考点为论证逻辑——支持。前提：在该岩石厚约5厘米的黏土层中还含有高浓度的铱和铂等元素，浓度是通常地表中浓度的50至2 000倍；结论：在某地区的地层里发现了约2亿年前的陨石成分，而它们很可能是当时一颗巨大陨石撞击现在的加拿大魁北克省时的飞散物痕迹。选项C建立了前提和结论之间的联系。

12.【答案】A

【解析】本题考点为论证逻辑——削弱。前提：一种虾常游弋于高温的深海间歇泉附近，间歇泉发射一种暗淡的光线。结论：科学家们认为这种虾背部的感光器官是用来寻找间歇泉，从而找到食物的。如果这种虾的感光器官对间歇泉发出的光并不敏感的话，那么虾背部的感光器官就不能用来寻找间歇泉，或者说这种感光器官对于寻找间歇泉是无效的。选项A正好对科学家的论证提出了质疑。其他选项均不正确。

第九章　假设论证

考点考频分析

考点	频率	难度	知识点
假设题型	中	☆☆	搭桥与补漏 加非验证

考点　假设题型

一、假设题的模型

　　假设、支持、反对这三种题型在整个逻辑推理题中占了相当大的比例，而支持、反对这两种题型的答案方向多是针对段落推理的隐含假设，再加上归纳题型的推理题有时就是隐含假设，所以**假设在逻辑推理中具有基础性的地位和作用**。

二、假设题的做题步骤

步骤一：阅读题干问题确认题型。

步骤二："是什么"：找到题干结论，通常是题干的最后一句话，并且伴随着结论词。例如，因此、所以、认为、由此可见、总而言之、可以得出……。

步骤三："为什么"：找到题干前提，通常就在题干结论前面，锁定前提的核心名词，以确定题干的论证关系。例如，因为、由于、根据、举例来说……。

步骤四：搭桥套路可行——进行选择。

步骤五：搭桥套路行不通——带着批判性的质疑态度，阅读所有5个选项，并且快速排除无关选项，会排除3～4个选项。

步骤六："选什么"：剩余选项使用"加非验证"的方法找到正确答案。假设选项内容不可以，代入题干中，发现题干的论证结论不成立，那么这个选项就是正确选项。

三、假设题型的做题套路

假设题型其实就是加强题，是加强题中力度最强的"搭桥"或"补漏"。因此很多假设题都可以用搭桥的秒杀套路快速解题，如果不可以搭桥，便要按照补漏的方法，加非验证。

（一）搭桥套路

"搭桥"方式：前提到结论的推理过程中一定有差异或跳跃，假设就是在差异或跳跃之间建立一种桥梁或联系。

母题剖析

【例1】黄土高原以前植被丰富，长满大树，而现在千沟万壑，不见树木，这是植被遭到破坏以后水流冲刷大地造成的惨痛结果。有专家进一步分析认为，现在黄土高原不长植被，是因为这里的黄土其实都是生土。

以下哪项最可能是上述专家推断的假设？

A. 生土不长庄稼，只能通过土壤改造等手段才适宜种植粮食作物。

B. 因缺少应有的投入，生土无人愿意耕种，无人耕种的土地贫瘠。

C. 生土是水土流失造成的恶果，缺乏植物生长所需的营养成分。

D. 东北的黑土地含有较厚的腐殖层，这种腐殖层适合植物的生长。

E. 植物的生长依赖熟土，而熟土的存在依赖人类对植被的保护。

【答案】C

考点分析	假设题型（☆☆）
题干剖析	题干中专家推断结论：现在黄土高原不长植被； 前提：原因是这里的土是生土
解题步骤	第一步：提问中要求我们找专家推断证的假设。因此，本题属于假设题型。 第二步：梳理论证结构。 论证：由"生土"到"不长植被"。 第三步：观察选项特征，进行排选

选项	解析	正误
A	该选项涉及的改善措施，对题干中的因果关系没有起到支撑作用	错误
B	该选项没有涉及题干中的话题关键词，属于无关选项	错误
C	指出生土缺乏植物生长需要的营养成分，在生土和不长植物之间建立了关系，即搭桥	**正确**
D	题干中提及的是黄土高原，该项涉及的是东北黑土地，该项属于无关项	错误
E	该选项提及"熟土"和题干中涉及的"生土"有本质区别，属于无关选项	错误

 小贴士

论证结构需要仔细辨别，"搭桥套路"的出现频率还是很高的！

拓展测试

【拓展1】 有学校提出，将效仿免费师范生制度，提供减负学费等优惠条件以吸引成绩优秀的调剂生，提高医学人才培养质量，有专家对此提出反对意见；医生是既崇高又辛苦的职业，要有足够的爱心和兴趣才能做好，因此，宁可招不满，也不要招收调剂生。

以下哪项最可能是上述专家论断的假设？

A. 没有奉献精神，就无法学好医学。

B. 如果缺乏爱心，就不能从事医生这一崇高的职业。

C. 调剂生往往对医学缺乏兴趣。

D. 因优惠条件报考医学的学生往往缺乏奉献精神。

E. 有爱心并对医学有兴趣的学生不会在意是否收费。

【拓展2】 艺术活动是人类标志性的创造性劳动。在艺术家的心灵世界里，审美需求和情感表达是创造性劳动不可或缺的重要引擎；而人工智能没有自我意识，人工智能艺术作品的本质是模仿。因此，人工智能永远不能取代艺术家的创造性劳动。

以下哪项最可能是以上论述的假设？

A. 人工智能可以作为艺术创作的辅助工具。

B. 只有具备自我意识，才能具有审美需求和情感表达。

C. 大多数人工智能作品缺乏创造性。

D. 没有艺术家的创作，就不可能有人工智能艺术品。

E. 模仿的作品很少能表达情感。

参考答案及解析

【拓展1】　C

【解析】 第一步：提问中要求我们找专家推断证的假设。因此，本题属于假设题型。

第二步：梳理论证结构。

前提：医生是既崇高又辛苦的职业，要有足够的爱心和兴趣才能做好；

结论：不要招收调剂生；

论证：由"有足够的爱心和兴趣才能做好"到"不要招收调剂生"。

第三步：观察选项特征，进行排选。选项A涉及"奉献精神"的问题，与题干的论证无关。选项B"从事医生职业"的问题，与题干的论证无关。选项D涉及"奉献精神"的问题，与题干的论证无关。选项E涉及"收费"的问题，与题干的论证无关。而选项C在前提和结论之间建立了关系，即搭桥。

【拓展2】　B

【解析】 第一步：提问中要求找到上论述的假设。因此，本题属于假设题型。

第二步：梳理论证结构。

前提:(1)创造性劳动→审美需求和情感表达;(2)人工智能→¬自我意识。

结论:人工智能→¬创造性劳动。

由(2)和结论,需要建立:(3)¬自我意识→¬创造性劳动=创造性劳动→自我意识。因此,由(1)和(2),需要建立:审美需求和情感表达→自我意识。

第三步:观察选项特征,进行排选。选项A涉及"辅助工具"的问题,与题干的论证无关。选项C涉及"作品缺乏创造性"的问题,与题干的论证无关。选项D未涉及"艺术家的创作"与"人工智能艺术品"的关系,故不需要假设。选项E涉及"表达情感"的问题,与题干的论证无关。而选项B建立了"自我意识"与"审美需求和情感表达"之间的联系,故正确。

(二)验非套路

在无法使用"搭桥"来解决此类假设题目,且选项无法通过"关键词"来进行选择时,**可以用"假设代入"来验证结论是否成立**。此方法的具体操作,**需要在目标选项中加入"非",改变原有的"方向",验证原结论是否会发生变化**。若结论随着"非"选项的变化而变化,说明选项会对结论产生影响,大概率为正确答案;若结论并未随着"非"选项的变化而变化,说明选项对结论起不到任何作用,也就不可能成为"假设项"。

母题剖析

【例2】钟医生:"通常,医学研究的重要成果在杂志发表之前需要经过匿名评审,这需要耗费不少时间。如果研究者能放弃这段等待时间而事先公开其成果,我们的公共卫生水平就可以伴随着医学发现更快获得提高。因为新医学信息的及时公布将允许人们利用这些信息提高他们的健康水平。"

以下哪项最可能是钟医生论证所依赖的假设?

A. 即使医学论文还没有在杂志发表,人们还是会使用已公开的相关新信息。

B. 因为工作繁忙,许多医学研究者不愿成为论文评审者。

C. 首次发表于匿名评审杂志的新医学信息一般无法引起公众的注意。

D. 许多医学杂志的论文评审者本身并不是医学研究专家。

E. 部分医学研究者愿意放弃在杂志上发表,而选择事先公开其成果。

【答案】A

画一画 🖊	
结论:如果研究者能放弃这段等待时间而事先公开其成果,我们的公共卫生水平就可以伴随着医学发现更快获得提高	结论变化
A.即使医学论文还没有在杂志发表,人们还是<u>不会使用</u>已公开的相关新信息	
B.因为工作繁忙,许多医学研究者<u>愿意成为</u>论文评审者	
C.首次发表于匿名评审杂志的新医学信息<u>会引起公众</u>的注意	
D.许多医学杂志的论文评审者<u>本身是医学研究专家</u>	
E.部分医学研究者<u>不愿意放弃在杂志上发表</u>,而<u>选择不事先公开其成果</u>	

考点分析	假设题型（☆☆）
题干剖析	结论：放弃匿名评审能更快提高公共卫生水平。 前提：（1）匿名评审耗费不少时间； （2）新医学信息的及时公布将允许人们利用信息提高健康水平
解题步骤	第一步：提问中要求我们找钟医生论证的假设。因此，本题属于假设题型。 第二步：梳理论证结构。 论证：由"人们利用及时公布的信息提高健康水平"到"放弃匿名评审"。 第三步：观察选项特征，进行排选

选项	解析	正误
A	要使论证成立，需要保证人们会使用没有在杂志上发布的信息，若人们不会使用没有在杂志上发布的信息，则放弃匿名评审就达不到应有的效果，故需要假设	正确
B	愿不愿意成为论文评审者与放弃匿名评审无关，故不需要假设	错误
C	题干涉及及时公布的信息，而该项讨论的是已发布在杂志上的信息，与论题无关，故不需要假设	错误
D	评审者的身份与放弃匿名评审无关，故不需要假设	错误
E	愿不愿意在杂志上发表与放弃匿名评审的好处无关，故不需要假设	错误

 小贴士

　　"验非套路"，是要找取非后让论证不成立的选项，方向要看准哦！

拓展测试

　　【拓展】美国扁核仁于20世纪70年代出口到我国，当时被误译为"美国人杏仁"。这种误译导致我国大多数消费者根本不知道扁桃仁、杏仁是两种完全不同的产品。对此，尽管我国林果专家一再努力澄清，但学界的声音很难传达到相关企业和普通大众。因此，必须制定林果的统一行业标准，这样才能还相关产品以本来面目。

　　以下哪项最可能是上述论证的假设？

　　A. 进口商品名称的误译会扰乱我国企业正常的对外贸易活动。

　　B. 美国扁核仁和中国大杏仁的外形很相似。

　　C. 长期以来，我国没有关于林果的统一行业标准。

　　D. 我国相关企业和普通大众并不认可我国林果专家的意见。

　　E. "美国大杏仁"在中国市场上销量超过中国杏仁。

------------------------------ 参考答案及解析 ------------------------------

【拓展】　C

【解析】　第一步：提问中要求找到上论述的假设。因此，本题属于假设题型。

第二步：梳理论证结构。

前提：我国大多数消费者根本不知道扁桃仁、杏仁是两种完全不同的产品；

结论：必须制定林果的统一行业标准。

论证：由"大众不能区分"到"必须制定林果的统一标准"。

第三步：观察选项特征，进行排选。选项A涉及"对外贸易活动"的问题，与题干的论证无关。选项B涉及"外形很相似"的问题，与题干的论证无关。选项D未涉及"认可我国林果专家的意见"，故不需要假设。选项E涉及"销量比较"的问题，与题干的论证无关。而选项C补漏思路，"加非验证"如果我国已经有了林果的统一标准，那么就没有必要再去制定林果的统一标准。

知识小结

（1）假设题的模型：前提与结论中缺失了使其论证成立的条件。

（2）假设题的做题步骤：①阅读题干问题确认题型；②看结论，画关键词；③锁定前提的核心名词，以确定题干的论证关系；④观察搭桥是否可行；⑤搭桥套路行不通：带着批判性的质疑态度，并且快速排除无关选项；⑥剩余选项使用"加非验证"的方法找到正确答案。

（3）假设题型的做题套路：搭桥套路；验非套路。

思维导图

论证逻辑 —— 假设题型
- 基本模型 —— 前提与结论中缺失了使其论证成立的条件
- 解题步骤 —— ①阅读题干问题确认题型；②看结论，画关键词；③锁定前提的核心名词，以确定题干的论证关系；④观察搭桥是否可行；⑤搭桥套路行不通：带着批判性的质疑态度，并且快速排除无关选项；⑥剩余选项使用"加非验证"的方法找到正确答案
- 解题套路 —— 搭桥套路；验非套路

章节测试

扫码观看
章节测试讲解

1. 在高速公路上行驶时，许多司机都会超速。因此，如果规定所有汽车都必须安装一种装置，这种装置在汽车超速时会发出声音提醒司机减速，那么，高速公路上的交通事故将会明显减少。
   上述论证依赖于以下哪项假设？
   Ⅰ. 在高速公路上超速行驶的司机，大都没有意识到自己超速。
   Ⅱ. 高速公路上发生交通事故的重要原因，是司机超速行驶。
   Ⅲ. 上述装置的价格十分昂贵。
   A. 只有Ⅰ。
   B. 只有Ⅱ。
   C. 只有Ⅲ。
   D. 只有Ⅰ和Ⅱ。
   E. Ⅰ、Ⅱ和Ⅲ。

2. 地球所在的太阳系的八大行星中，存在生命的就占了八分之一。按照这个比例，考虑到宇宙中存在数量巨大的行星，因此，宇宙中有生命的天体的数量一定是极其巨大的。
   以上论证的漏洞在于，不加证明就预先假设：
   A. 一个天体如果与地球类似，就一定存在生命。
   B. 一个星系，如果与太阳系类似，就一定恰有八个行星。
   C. 太阳系的行星与宇宙中的许多行星类似。
   D. 类似于地球上的生命可以在条件迥异的其他行星上生存。
   E. 地球是最适合生命存在的行星。

3. 最近发现，19世纪80年代保存的海鸟标本的羽毛中，汞的含量仅为目前同一品种活鸟的羽毛汞含量的一半。由于海鸟羽毛中的汞的积累是海鸟吃鱼所导致的，这就表明现在海鱼中汞的含量比100多年前要高。
   以下哪项是上述论证的假设？
   A. 进行羽毛汞含量检测的海鸟处于相同年龄段。
   B. 海鱼的汞含量取决于其活动海域的污染程度。
   C. 来源于鱼的汞被海鸟吸收后，残留在羽毛中的含量会随时间的变化而改变。
   D. 在海鸟的食物结构中，海鱼所占的比例，在19世纪80年代并不比现在高。
   E. 用于海鸟标本制作和保存的方法并没有显著减少海鸟羽毛中的汞含量。

4. 张教授："在西方经济萧条时期，由汽车尾气造成的空气污染状况会大大改善，因为开车上班的人大大减少了。"李工程师："情况恐怕不是这样。在萧条时期买新车的人大大减少。而车越老，排放超标尾气造成的污染就越严重。"张教授的论证依赖以下哪项假设？
   A. 只有就业人员才开车。
   B. 大多数上班族不使用公共交通工具上班。

C. 空气污染主要是由上班族的汽车所排放的尾气造成的。

D. 在萧条时期，开车上班人数的减少一定会造成汽车运行总量的减少。

E. 在萧条时期，开车上班人员的失业率高于不开车的上班人员。

5. 由工业垃圾掩埋带来的污染问题在中等发达国家中最为突出，而在发达国家与欠发达国家中反而不突出。欠发达国家是因为没有多少工业垃圾可以处理。发达国家或者是因为有效地减少了工业垃圾，或者是因为有效地处理了工业垃圾。H国是中等发达国家，因此，它目前面临的由工业垃圾掩埋带来的污染在五年后会有实质性的改变。以下哪项最可能是上述论证所假设的？

A. H国将在五年内成为发达国家。

B. H国不会在五年后倒退回欠发达状态。

C. H国将在五年内有效地处理工业垃圾。

D. H国五年内保持其发展水平不变。

E. H国将在五年内有效地减少工业垃圾。

6. 英国科学家在2010年11月11日出版的《自然》杂志上撰文指出，他们在苏格兰的岩石中发现了一种可能生活在约12亿年前的细菌化石，这表明，地球上的氧气浓度增加到人类进化所需的程度这一重大事件发生在12亿年前，比科学家以前认为的要早4亿年。新研究有望让科学家重新理解地球大气以及依靠其为生的生命演化的时间表。

以下哪项是科学家上述发现所假设的？

A. 先前认为，人类进化发生在大约8亿年前。

B. 这种细菌在大约12亿年前就开始在化学反应中使用氧气，以便获取能量维持生存。

C. 氧气浓度的增加标志着统治地球的生物已经由简单有机物转变为复杂的多细胞有机物。

D. 只有大气中的氧气浓度增加到一个关键点，某些细菌才能生存。

E. 如果没有细菌，也就不可能存在人类这样的高级生命。

7. 大城市相对于中小城市，尤其是小城镇来讲，其生活成本是比较高的。这必然限制农村人口的流入，因此，仅靠发展大城市实际上无法实现城市化。以下哪项是上述论证所假设的？

A. 城市化是我国发展的必由之路。

B. 单纯发展大城市不利于城市化的推进。

C. 要实现城市化，就必须让城市充分吸纳农村人口。

D. 大城市对外地农村人口的吸引力明显低于中小城市。

E. 城市化不能单纯发展大城市，也要充分重视发展其他类型的城市。

8. 某学会召开的国家性学术会议，每次都收到近千篇的会议论文。为了保证大会交流论文的质量，学术会议组委会决定，每次只从会议论文中挑选出10%的论文作为会议交流论文。学术会议组委会的决定最可能基于以下哪项假设？

A. 每次提交的会议论文中总有一定比例的论文质量是有保证的。

B. 今后每次收到的会议论文数量将不会有大的变化。

C. 90%的会议论文达不到大会交流论文的质量。

D. 学术会议组委会能够对论文质量做出准确判断。

E. 学会有足够的经费保证这样的学术会议能继续举办下去。

参考答案及解析

✅ 答案速查

1. D	2. C	3. E	4. D	5. A
6. D	7. C	8. A		

✅ 答案解析

1. 【答案】D

【解析】本题考点为论证逻辑——假设。由题干可知，手段为通过装置提醒司机，目的是使司机减速，进而减少交通事故。

Ⅰ. 取非验证，如果高速公路上司机意识到超速仍然超速行驶，该装置就无法起到让司机减速的作用。因此，Ⅰ是必要假设。

Ⅱ. 取非验证，若超速行驶并非事故重要原因，那么启用该装置后，对于交通事故数量的影响就不大。因此，Ⅱ是必要假设。

Ⅲ. 与论证无关。

2. 【答案】C

【解析】本题考点为论证逻辑——假设。前提：地球所在的太阳系的八大行星中，存在生命的就占了八分之一。按照这个比例，考虑到宇宙中存在数量巨大的行星；结论：宇宙中有生命的天体的数量一定是极其巨大的；推理过程：由太阳系中有生命的行星的比例，推出整个宇宙中有生命行星也有相当的比例。选项C，二者可以类比，推理可行。其他选项和题干论证无关。

3. 【答案】E

【解析】本题考点为论证逻辑——假设。题干根据现在海鸟羽毛中汞含量比标本高，推断出现在海鱼中的汞含量也更高，必须假设标本含量低的原因确实是海鱼中的汞含量少，而不是其他原因所致的。选项E，取非验证，说明制作标本和保存的方法导致汞含量的减少，则题干无法得出。因此，选项E正确。

4. 【答案】D

【解析】本题考点为论证逻辑——假设。张教授认为开车上下班的人减少，就会导致汽车尾气造成的空气污染状况改善，这必须假设汽车运行总量减少。选项D，取非验证，如果汽车运行总量不变甚至增加，没有理由认为汽车尾气的排放会减少。选项C，干扰项，题干中讨论的是"由汽车尾气造成的"空气污染，而选项C扩大了这个范围，说的是所有空气污染，与题干论证无关。

5. 【答案】A

【解析】本题考点为论证逻辑——假设。H国是中等发达国家，所以它面临工业垃圾掩埋带来的污染问题；题干判定这个问题将在五年后得到实质性改变，说明五年后H国将会变成发达国家或欠发达国家。各项都不涉及H国将倒退回欠发达状态的表述，只有选项A表明H国将会变成发达国家。因此，选项A正确。

6. 【答案】D

【解析】本题考点为论证逻辑——假设。解析科学家根据一种生活在约12亿年前的细菌化石，推测出地球上的氧气浓度增加到人类进化所需的程度也在那一时间。选项D，在细菌和氧气浓度之间搭桥，是题干论证的假设。选项A，支持了科学家结论的一部分，但并不是题干的推理关系成立所必须假设的。选项B，支持了科学家的论据，但没有指出氧气浓度问题，如果这些细菌只需要很少量的氧气就可以生存，就无法证明当时的氧气浓度已经达到了人类进化的程度。选项CE，均不涉及细菌生存与氧气浓度之间的关系，属于无关选项。

7. 【答案】C

【解析】本题考点为论证逻辑——假设。题干：限制农村人口流入大城市，无法实现城市化。题干中有明显的跳跃，因此需要补充农村人口和大城市之间的关系，选项C连接了这两个概念，起到了搭桥的作用。

8. 【答案】A

【解析】本题考点为论证逻辑——假设。选项A，如果为假，则有可能提交的论文质量都不佳，那题干的目的"保证大会交流论文的质量"就无法达到，所以选项A必须假设。选项D，过度假设，组委会能对论文质量做出准确判断当然有助于提交的论文的质量，但即便组委会判断不准确，选项A成立也可以使得哪怕随机挑选的论文，至少其中一部分也是有质量保证的，并不妨碍目的的达成。

第十章　解释论证

考点考频分析

考点	频率	难度	知识点
解释题型	中	☆☆	合理性判断（略微发散）

考点　解释题型

一、解释题题型特征

解释题型的特征是给出一段关于某些事实或现象的客观描述，要求考生对这些事实、现象、结果或矛盾做出合理的解释。

我们可以根据解释的侧重点把考题分为解释结论或现象、解释差异或缓解矛盾。解这类题型有时需要一些相关的背景知识，但这些知识都属于语言常识和一般性常识，并且已经在题干或选项中给出，只是要求从中做一些选择和判断而已。

二、解释题型的表现形式

其主要表现形式是，在题干中给出某种需要说明、解释的现象，再问什么样的理由、根据、原因能够最好地解释该现象，或最不能解释该现象，即与该现象的发生不相干。

【题干提问方式】

"以下哪项最能解释以上现象？"

"以下哪项最能解释上述看来矛盾的陈述？"

"以下哪项最无助于解释上述现象？"

三、解题方法与思路

解答解释题的关键是看清楚要解释什么，找到矛盾的现象、差异点。直接或明确地解释矛盾的一方或者双方，或者破解推理过程。总结起来，解释型批判性思维题型主要有以下两种类型：

（1）解释结果或现象。

（2）解释矛盾、缓解矛盾或者说明其实并不矛盾。

母题剖析

【例1】通常情况下，长期在寒冷环境中生活的居民可以有更强的抗寒能力。相比于我国的南方地区，我国北方地区冬天的平均气温要低很多。然而有趣的是，现在许多北方的居民并不具有我们所以为的抗寒能力，相当多的北方人到南方来过冬，竟然难以忍受南方的寒冷天气，怕冷程度甚至远超过当地人。

以下哪项如果为真，最能解释上述现象？

A. 一些北方人认为南方温暖，他们去南方过冬时往往保暖工作做得不够充分。

B. 南方地区冬天虽然平均气温比北方高，但也存在极端低温的天气。

C. 北方地区在冬天通常启动供暖设备，其室内温度往往比南方高出很多。

D. 有些北方人是从南方迁过去的，他们还没有完全适应北方的气候。

E. 南方地区湿度较大，冬天感受到的寒冷程度超出气象意义上的温度指标。

【答案】E

考点分析	解释题型（☆☆）
题干剖析	北方冬天气温低于南方，并且长期在寒冷中更能抗寒。然而现实生活中，北方人在南方却更加怕冷
解题步骤	第一步：提问中要求我们解释上述现象。因此，本题属于解释题型。 第二步：明确解释对象，关注"然而"字眼，找到解释的重心在于北方人为什么不具有"相应的"抗寒能力。 第三步：观察选项特征，进行排选

选项	解析	正误
A	该项涉及一些北方人的看法，其中"一些"范围不确定，不具有代表性，故不能解释题干中矛盾现象	错误
B	该项涉及南方存在极端低温的天气，并不一定是长期低温，无法解释长期处于北方寒冷空气中的北方人到了南方之后更怕冷的现象	错误
C	北方冬天室外温度低，室内温度高，但是未涉及室外的情况，故不能解释	错误
D	该项表明是有些北方人南迁后的情况，其中"有些"范围不确定，不具有代表性，故不能解释题干中矛盾现象	错误
E	南方感受到的寒冷程度超出温度指标，指出了人们主观的感觉之间的差异，故能解释	**正确**

💡 **小贴士**

解答解释题的关键是看清楚要解释什么，找到矛盾的现象、差异点哦！

【例2】有科学家进行了对比实验：在一些花坛中种植了金盏草，而在另外一些花坛中未种植金盏草。他们发现：种植了金盏草的花坛，玫瑰长得很繁茂；而那些未种植金盏草的花坛，玫瑰却呈现病态，很快就枯萎了。

以下哪项如果为真，最能解释上述现象？

A. 为了利于玫瑰的生长，某园艺公司推荐种植金盏草而不是直接喷洒农药。

B. 金盏草的根系深度不同于玫瑰，不会与其争夺营养，却可保持土壤湿度。

C. 金盏草的根部可分泌出一种能杀死土壤中害虫的物质，使玫瑰免受其侵害。

D. 玫瑰花坛中的金盏草常被认为是一种杂草，但它对玫瑰的生长具有奇特的作用。

E. 花匠会对种有金盏草和玫瑰的花坛施肥较多，而对仅种有玫瑰的花坛施肥偏少。

【答案】C

考点分析	解释题型（☆☆）
题干剖析	种植了金盏草的花坛，玫瑰长得很繁茂；而那些未种植金盏草的花坛，玫瑰却呈现病态，很快就枯萎了
解题步骤	第一步：提问中要求我们解释上述现象。因此，本题属于解释题型。 第二步：明确解释对象，即"有金盏草"和"玫瑰繁茂"之间的关系。 第三步：观察选项特征，进行排选

选项	解析	正误
A	不能解释"没种金盏草的花坛，玫瑰花为什么枯萎"	错误
B	不能解释"种植金盏草的花坛，玫瑰花长得很繁茂，没种金盏草的玫瑰花为什么枯萎"	错误
C	题干中需要解释的是"种植金盏草的花坛，玫瑰花长得很繁茂，没种金盏草的玫瑰花为什么枯萎"，选项C建立了两者之间的关系，因此可以解释	正确
D	不能解释"没种金盏草的花坛，玫瑰花为什么枯萎"	错误
E	该项不能解释，"仅种玫瑰"的花坛不是题干中讨论主体	错误

💡 **小贴士**

解释题中的"而""然而"是重点词语哦！

拓展测试

【拓展1】某公司办公室茶水间提供自助式收费饮料，职员拿完饮料后，自己把钱放到特设的收款箱中，研究者为了判断职员在无人监督时，其自律水平会受哪些因素的影响，特地在收款箱上方贴了一张装饰图片，每周一换。装饰图片有时是一些花朵，有时是一双眼睛。一个有趣的现象出现了：贴着"眼睛"的那一周，收款箱里的钱远远超过贴其他图片的情形。

以下哪项如果为真，最能解释上述实验现象？

A. 该公司职员看到"眼睛"图片时，就能联想到背后可能有人看着他们。

B. 在该公司工作的职员，其自律能力超过社会中的其他人。

C. 该公司职员看着"花朵"图片时，心情容易变得愉快。

D. 眼睛是心灵的窗口，该公司职员看到"眼睛"图片时会有一种莫名的感动。

E. 在无人监督的情况下，大部分人缺乏自律能力。

【拓展2】一般商品只有在多次流通过程中才能不断增值，但艺术品作为一种特殊商品却体现出了与一般商品不同的特征。在拍卖市场上，有些古玩、字画的成交价有很大的随机性，往往会直接受到拍卖现场气氛、竞价激烈程度、买家心理变化等偶然因素的影响，成交价有时会高于底价几十倍乃至数百倍，使得艺术品在一次"流通"中实现大幅度增值。

以下哪项最无助于解释上述现象？

A. 艺术品的不可再造性决定了其交换价格有可能超过其自身价值。

B. 不少买家喜好收藏，抬高了艺术品的交易价格。

C. 有些买家就是为了炒作艺术品，以期获得高额利润。

D. 虽然大量赝品充斥市场，但是对艺术品的交易价格没有什么影响。

E. 国外资金进入艺术品拍卖市场，对价格攀升起到了拉动作用。

【拓展3】英国有家小酒馆采取客人吃饭付费"随便给"的做法，即让顾客享用葡萄酒、蟹柳及三文鱼等美食后，自己决定付账金额。大多数顾客均以公平或慷慨的态度结账，实际金额比那些酒水菜肴本来的价格高出20%。该酒馆老板另有4家酒馆，而这4家酒馆每周的利润与付账"随便给"的酒馆相比少5%。这位老板因此认为，"随便给"的营销策略很成功。

以下哪项如果为真，最能解释老板营销策略的成功？

A. 部分顾客希望自己看上去有教养，愿意掏足够甚至更多的钱。

B. 如果客人支付低于成本价格，就会受到提醒而补足差价。

C. 另外4家酒馆位置不如这家"随便给"酒馆。

D. 客人常常不知道酒水菜肴的实际价格，不知道该付多少钱。

E. 对于过分吝啬的顾客，酒馆老板常常也无可奈何。

参考答案及解析

【拓展1】 A

【解析】第一步：提问中要求我们解释上述现象。因此，本题属于解释题型。

第二步：明确解释对象，关注"然而"字眼，找到解释的重心在于贴着"眼睛"的那一周的特殊性。

第三步：观察选项特征，进行排选。选项B没有涉及贴"眼睛"的收入特殊性，故不能解释。选项C表明"花朵"让人心情愉快，但不能解释贴着"眼睛"的那一周的特殊性，故不能解释。选项D解释了"眼睛"让人感动，但是未能解释"收款箱里的钱多"，故不能解释。选项E未涉及贴着"眼睛"的那一周的特殊性，故不能解释。而选项A解释了"眼睛"的作用，在心理上影响人们的行为，导致收款箱里的钱多，故能解释。

【拓展2】 D

【解析】第一步：提问中要求我们找无助于解释上述现象。因此，本题属于解释题型。

第二步：明确解释对象，即艺术品在一次"流通"中实现大幅度增值。

第三步：观察选项特征，进行排选。选项A指出了艺术品本身的特殊性，故可以解释；选项B指出艺术品交易中的特殊因素，故可以解释。选项C指出了艺术品交易中的特殊因素，故可以解释。选项E指出了艺术品交易中的特殊因素，故可以解释。而选项D不能解释艺术品在一次"流通"中实现大幅度增值。

【拓展3】 B

【解析】第一步：提问中要求解释老板营销策略的成功。因此，本题属于解释题型。

第二步：明确解释对象，即"随便给"的营销策略很成功。

第三步：观察选项特征，进行排选。选项A有助于解释了"随便给"策略会使收入更高，但只是提到"部分顾客"，解释的力度较弱。选项C指出了是地理位置的原因，不是"随便给"的策略，故不能解释。选项D指出客人不知道付多少，所以很有可能是多付也可能是少付，故不能解释。选项E提到的是"过分吝啬的顾客"，属于特殊人群，故不能解释。选项B指出说明"随便给"策略将带来更高的收入，解释了该策略成功的原因，故可以解释。

知识小结

（1）解释题的特征：给出一段关于某些事实或现象的客观描述，要求对这些事实、现象、结果或矛盾做出合理的解释。

（2）解释题型的表现形式：在题干中给出某种需要说明、解释的现象，再问什么样的理由、根据、原因能够最好地解释该现象，或最不能解释该现象，即与该现象的发生不相干。

（3）解释题型的解题方法：直接或明确地解释矛盾的一方或者双方，或者破解推理过程。

思维导图

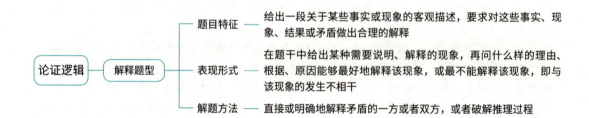

章节测试

扫码观看
章节测试讲解

1. 尽管是航空业萧条的时期，各家航空公司也没有节省广告宣传的开支。翻开许多城市的晚报，最近一直都在连续刊登如下广告：飞机远比汽车安全！你不要被空难的夸张报道吓破了胆，根据航空业协会的统计，飞机每飞行1亿公里死1人，而汽车每走5 000万公里死1人。汽车工业协会对这个广告大为恼火，他们通过电视公布了另外一个数字：飞机每20万飞行小时死1人，而汽车每200万行驶小时死1人。

如果以上资料均为真，则以下哪项最能解释上述这种看起来矛盾的结论？

A. 安全性只是人们在进行交通工具选择时所考虑问题的一个方面，便利性、舒适感以及某种特殊的体验都会影响消费者的选择。

B. 尽管飞机的驾驶员所受的专业训练远远超过汽车司机，但是，因为飞行高度的原因，飞机失事的生还率低于车祸。

C. 飞机的确比汽车安全，但是，空难事故所造成的新闻轰动要远远超过车祸，所以，给人们留下的印象也格外深刻。

D. 两种速度完全不同的交通工具，用运行的距离做单位来比较安全性是不全面的，用运行的时间来比较也会出偏差。

E. 媒体只关心能否提高收视率和发行量，根本不尊重事情的本来面目。

2. 在最近几年，某地区的商场里只卖过昌盛、彩虹、佳音三种品牌的电视机。1997年，昌盛、彩虹、佳音三种品牌的电视机在该地区的市场占有率（按台数计算）分别为25%、35%和40%。到1998年，几个品牌的市场占有率变成昌盛第一、彩虹第二、佳音第三，其次序正好与1997年相反。

以下条件除了哪项外，都可能对上文提到的市场占有率的变化做出合理的解释？

A. 昌盛集团成立了信息部，应用信息技术网络与客户建立了密切联系。

B. 佳音集团的经理班子与董事会的经营理念出现分歧，总经理在1998年年初辞职。

C. 昌盛集团耗巨资购并了一个濒临倒闭的大型电冰箱厂，转产VCD机。

D. 佳音集团新的总经理推行全面质量管理，引起费用增加，不得不提高价格。

E. 彩虹集团设计了新的生产线，要等到1999年才能投产，在1998年难有作为。

3. 经济学家与考古学家就货币的问题展开了争论。经济学家："在所有使用货币的文明中，无论货币以何种形式存在，它都是因为其稀缺性而产生其价值的。"考古学家："在索罗斯岛上，人们用贝壳作货币，可是该岛上贝壳遍布海滩，随手就能拾到。"

下面哪一项能对两位专家论述之间的矛盾做出解释？

A. 索罗斯岛上居民节日期间在亲密的朋友之间互换货币，以示庆祝。

B. 索罗斯岛上的居民认为鲸牙很珍贵，他们把鲸牙串起来当作首饰。

C. 索罗斯岛上的男女居民使用不同种类的贝壳作货币，交换各自喜爱的商品。

D. 索罗斯岛上的居民只使用由专门工匠加工的有美丽花纹的贝壳作货币。

E. 即使在西方人将贵金属货币带上索罗斯岛之后，贝壳仍然是商品交换的媒介物。

4. 大投资的所谓巨片的票房收入，一般是影片制作与商业宣传总成本的二至三倍。但是电影产业的年收入大部分来自中小投资的影片。

以下哪项如果为真，最能解释题干的现象？

A. 大投资的巨片中确实不乏精品。

B. 大投资巨片的票价明显高于中小投资影片。

C. 对观众的调查显示，大投资巨片的平均受欢迎程度不高于中小投资影片。

D. 票房收入不是评价影片质量的主要标准。

E. 投入市场的影片中，大部分是中小投资的影片。

5. 实验证明：茄红素具有防止细胞癌变的作用。近年来W公司提炼出茄红素，将其制成片剂，希望让酗酒者服用以预防饮酒过多引发的癌症。然而，初步的试验发现，经常服用W公司的茄红素片剂的酗酒者反而比不常服用W公司的茄红素片剂的酗酒者更易于患癌症。

以下哪项最能解释上述矛盾？

Ⅰ. 癌症的病因是综合的，对预防药物的选择和由此产生的作用也因人而异。

Ⅱ. 酒精与W公司的茄红素片剂发生长时间作用后反而使其成为致癌物质。

Ⅲ. W公司生产的茄红素片剂不稳定，易于受其他物质影响而分解变性，从而与身体发生不良反应而致癌；自然茄红素性质稳定，不会致癌。

A. 只有Ⅰ和Ⅱ。

B. 只有Ⅰ和Ⅲ。

C. 只有Ⅱ和Ⅲ。

D. Ⅰ、Ⅱ、Ⅲ。

E. Ⅰ、Ⅱ、Ⅲ都不是。

6. 有一商家为了推销其家用电脑和网络服务，目前正在大力开展网络消费的广告宣传和推广促销。经过一定的市场分析，他们认为手机用户群是潜在的网络消费的用户群，于是决定在各种手机零售场所宣传、推销他们的产品。结果两个月下来，效果很不理想。

以下哪项如果为真，最有助于解释出现上述结果的原因？

A. 刚刚购买手机的消费者需要经过一段时期后才能成为网络消费的潜在用户。

B. 最近国家在有关规定中对国家机关人员使用手机加以限制，购买手机的人因此有所减少。

C. 购买电脑或是办理网络服务对中国老百姓来说还是件大事，一般来说，消费者对此的态度比较慎重。

D. 家用电脑和网络服务在知识分子中已经比较普及，他们所希望的是增强自己计算机的功能。

E. 推销手机的销售人员，每月的销售量都很高。

7. 都市青年报准备在5月4日青年节的时候推出一种订报有奖的促销活动。如果你在5月4日到6月1日之间订了下半年的都市青年报的话，你就可以免费获赠下半年的都市广播电视导报。推出这个活动之后，报社每天都在统计新订户的情况，结果非常失望。

以下哪项如果为真，最能够解释这项促销活动没能成功的原因？

A. 根据邮局发行部门的统计，都市广播电视导报并不是一份十分有吸引力的报纸。

B. 根据一项调查的结果，都市青年报的订户中有些已经同时订了都市广播电视导报。

C. 都市广播电视导报的发行渠道很广，据统计，订户比都市青年报的还要多一倍。

D. 都市青年报没有考虑很多人的订阅习惯。大多数报刊订户在去年年底已经订了今年一年的都市广播电视导报。

E. 都市青年报推出这个活动，伤害了那些都市青年报老订户的感情，影响了它的发行工作。

参考答案及解析

 答案速查

1. D	2. C	3. D	4. E	5. C
6. A	7. D			

 答案解析

1.【答案】D

【解析】题干中的第一个统计数字似乎说明飞机比汽车安全，第二个统计数字似乎说明汽车比飞机安全，而题干又断定这两个统计数字都正确，这似乎存在矛盾，其实并不矛盾。因为飞机和汽车的速度明显不同。在不知道二者的速度或速度比的情况下，只以运行距离为单位，或者只以运行时间为单位无法比较二者的安全性。选项D正确地指明了这一点。其余各项作为对题干的解释均不得要领。

2.【答案】C

【解析】题干中要解释的是：昌盛市场占有率提高了，而佳音降低了。选项C指出昌盛转产VCD，无法解释其电视机市场占有率提高。

3.【答案】D

【解析】经济学家：货币是稀缺的；考古学家：贝壳可以作货币，但贝壳普遍。选项D解释了二者之间的表面矛盾，即虽然贝壳普遍，但是可以用作货币的贝壳是稀缺的。

4.【答案】E

【解析】题干现象中的矛盾在于"大投资巨片的票房收入高，然而电影产业的年收入大部分来自中小投资的影片"。关键在于理解：年收入＝每部票房收入×数量。巨片的票房收入高，但是影片数量不一定多，而年收入大部分来自中小投资的影片，说明中小投资的影片数量可能是多的。选项E，说明尽管大投资巨片的票房收入高，但由于每年投入市场的中小投资的影片占了大部分，因此年收入大部分来自中小投资的影片，从而解释了题干的现象。选项AD，与题干现象无关。选项B，加深了题干现象中的矛盾。选项C，受欢迎程度与票房收入不同。且不能解释大投资巨片的票房收入高的问题，因此不能解释题干现象。

5.【答案】C

【解析】实验证明茄红素具有防止细胞癌变的作用。初步的试验发现，经常服用W公司的茄红素片剂的酗酒者反而比不常服用W公司的茄红素片剂的酗酒者更易于患癌症。关键概念：茄红素片剂，服用者为酗酒者。解释矛盾：在肯定题干信息的条件下找出产生矛盾的原因。

Ⅰ.因人而异，泛泛而谈，无法解释。

Ⅱ.单纯的茄红素可能对人体无害，可能是酒精与茄红素片剂混合造成的后果，对照关键概念——酗酒者，起到了解释作用。

Ⅲ. 说明W公司提炼的茄红素片剂与自然茄红素有区别导致结果不同，对照关键概念——茄红素片剂，起到了解释作用。

6. 【答案】A

【解析】题干：在各种手机零售场所宣传、推销家用电脑和网络服务。结果两个月下来，效果很不理想。选项A指出刚刚购买手机的消费者一般不会立刻购买网络服务，解释了为什么效果不理想。

7. 【答案】D

【解析】选项D指出促销活动的赠品是大多数订户已经有的，解释了为什么新订户统计情况糟糕。